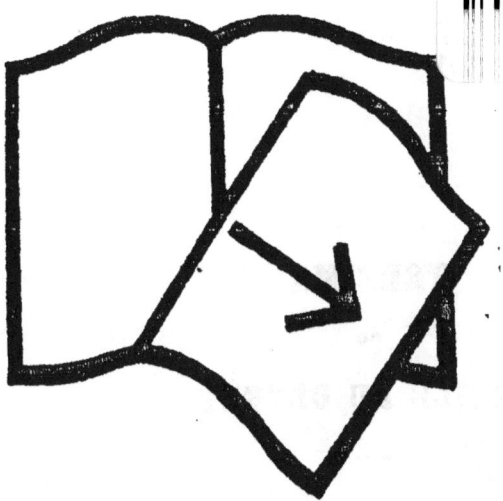

Couvertures supérieure et inférieure manquantes

TEBSIMA
ou
L'EXILÉ DU DÉSERT

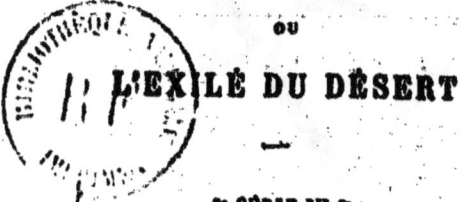

PROPRIÉTÉ DES ÉDITEURS

Tebsima fixa son regard voilé de pleurs sur Ibrahim et Saraï
tout le temps qu'ils demeurèrent sous le térébinthe.
(P. 133.)

TEBSIMA

ou

L'EXILÉ DU DÉSERT

RÉCITS HISTORIQUES ET LÉGENDAIRES
ÉPISODE DE LA PREMIÈRE CROISADE

SUIVI DE

LA BUSSIÈRE ET CITEAUX

LÉGENDE DES XIe ET XIIe SIÈCLES

PAR M. L'ABBÉ E. B***

CHANOINE HONORAIRE, CURÉ DE VOLNAY, MEMBRE DE PLUSIEURS SOCIÉTÉS SAVANTES
Auteur des *Légendes bourguignonnes*.

Oratio humiliantis se nubes penetrabit.
(Eccli. XXXV, 21.)
La prière de l'humble perce les nues.

NOUVELLE ÉDITION

TOURS
MAISON ALFRED MAME ET FILS
M DCCCC

APPROBATION

DE MONSEIGNEUR FRANÇOIS-VICTOR RIVET

ÉVÊQUE DE DIJON

Nous, Évêque de Dijon, sur le rapport avantageux qui nous a été fait d'un ouvrage manuscrit intitulé : *Toßsima ou l'Exilé du désert*, qu'on nous a représenté comme très propre à intéresser, à instruire et à édifier, nous en autorisons volontiers l'impression.

Dijon, le 29 janvier 1872.

† FRANÇOIS,
ÉVÊQUE DE DIJON.

A MA MÈRE

J'ai commencé ces pages près de votre lit de douleurs; les premières ont été mouillées de vos larmes. Maintenant qu'elles sont achevées, je les dépose comme une couronne de deuil sur votre tombe.

Adieu! nous nous reverrons au ciel.

AVIS DES ÉDITEURS

Tensima devait figurer en tête des *Légendes bourguignonnes*; nous avons été forcés de le publier à part, à cause de son étendue.

Ce livre a rencontré dans le monde littéraire les plus vives sympathies; les uns l'ont placé à côté de *Fabiola*, d'autres l'ont comparé à *Atala* et à *René*, en observant toutefois que l'œuvre de Chateaubriand offre à l'imagination des tableaux qui ne sont pas sans danger, tandis que celle-ci est d'une chasteté virginale.

On a dit de cet ouvrage :

« Qui n'a lu *Tobsima*, ce ravissant poème,
Épilogue inédit d'*Atala*, de *René*,
Mais d'un *René* touché de la grâce suprême,
Le refuge et l'appui du cœur infortuné[1]? »

« Pensée élevée, bonne littérature, intérêt de détail, tout se trouve dans ce livre pour le charme de l'esprit et du cœur. Il est digne de toutes les sympathies des lecteurs, jeunes et âgés, et il devra occuper une place d'honneur dans les bibliothèques paroissiales, comme dans celles des familles et des pensionnats[2]. »

Tours, juillet 1876.

---

[1] Joseph Petasse, *Roses de Noël* et *Mémoires de la Société d'histoire et de littérature de Beaune*.
[2] *Bibliographie catholique*, *Revue critique*, septembre 1873.

PRÉFACE

La fin du xi° siècle ouvrit l'ère des croisades; pendant près de deux cents ans, — de 1095 à 1270, — une pensée de foi, la délivrance de la Terre-Sainte, poussa l'Europe à des expéditions lointaines.

L'école prétendue philosophique du dernier siècle a sévèrement blâmé ces guerres, les accusant d'avoir été injustes et désastreuses. De nos jours, la science historique a été plus impartiale et plus vraie; elle a reconnu qu'elles furent aussi légitimes dans leur cause que fécondes dans leurs résultats.

Au moyen âge, la chrétienté formait une immense famille, dont tous les membres étaient solidaires et dont les intérêts étaient communs. Or l'islamisme, par de continuels envahissements, était devenu pour cette société une menace et un péril. D'un côté, il occupait l'Afrique et l'Espagne, et de l'autre, marchant de victoire en victoire, il était arrivé aux portes de Constantinople : ce géant n'avait qu'à étendre et à serrer les bras, et dans son étreinte il étouffait l'Europe. Nos pères comprirent ce danger, et en tirant l'épée ils ne firent qu'user du droit de légitime défense.

Les croisades, malgré leurs revers, furent le salut du monde chrétien. Il y avait à cette époque, dans les veines des nations d'Occident, une ardeur guerrière, reste du sang barbare, que rien ne pouvait éteindre : les rivalités de château à château, les guerres de baron à baron désolaient l'Europe. Les croisades tournèrent ces belliqueux instincts contre des ennemis menaçants et redoutables, et le sang qui aurait coulé dans des luttes fratricides fut versé pour une juste et noble cause. Les hommes qui auraient été le fléau de leur pays devinrent les soldats et les sauveurs de la civilisation. Ils firent triompher sur les champs de bataille de l'Asie la loi du Christ; et, grâce à eux, l'Occident n'eut pas à subir les hontes du système de Mahomet, c'est-à-dire l'avilissement de la femme, l'abrutissement de l'homme, l'abolition de la famille et la barbarie de la société. Ce résultat général suffit à lui seul pour faire bénir à jamais le sang chrétien versé sur les plages de l'Orient.

Ces guerres eurent, en outre, une heureuse influence sur la formation des sociétés modernes. Les seigneurs, ayant besoin d'argent pour leurs voyages d'outre-mer, affranchirent leurs serfs et créèrent les communes. Les grands vassaux de la

Saint Thomas d'Aquin.

couronne, affaiblis et ruinés par les frais ou les revers de ces coûteuses expéditions, devinrent moins turbulents et permirent à l'autorité royale de s'asseoir et de fonder l'unité de chaque nation. En retour de leur sang et de leurs sacrifices, les Francs acquirent en Asie un renom dont le prestige et l'influence durent encore.

Dans ce choc et cette longue mêlée des races orientales et occidentales, l'industrie, le commerce, les sciences, les arts et les lettres prirent un prodigieux essor.

La navigation s'aguerrit et se prépara à ces courses lointaines où plus tard elle devait découvrir de nouveaux mondes, enrichir l'Europe, et porter le flambeau de l'Évangile aux nations assises à l'ombre de la mort.

Les sciences médicales, mathématiques, physiques et naturelles s'introduisirent en Occident, où elles eurent pour interprètes des hommes comme Roger Bacon, Albert le Grand et Vincent de Beauvais.

Les arts se réunirent pour élever ces merveilleuses cathédrales, objets de notre admiration. L'éloquence y fit entendre par la voix de Pierre l'Ermite et de saint Bernard ses accents les plus mâles et les plus doux.

La philosophie et la théologie rendirent leurs oracles par la bouche de saint Thomas d'Aquin. L'histoire, par la plume du sire de Joinville et de ses émules, écrivit ses chroniques les plus naïves et les plus charmantes.

A cette époque, les hauts faits des preux, le ciel de l'Orient, les souvenirs de la Terre-Sainte enflammèrent le génie des troubadours et des trouvères, et « l'Europe sembla un vaste atelier de poésie d'où sortait chaque jour quelque œuvre, quelque cycle nouveau [1] ». Chaque province, chaque castel eut de merveilleuses légendes, de véritables poèmes, se rattachant à cette époque héroïque.

Nous publions une de ces légendes.

Écoutons Teusima ; en racontant son histoire, il nous décrira des pays pleins de parfums et de poésie : l'Arabie et le désert, la Palestine et les Lieux-Saints; il esquissera les principales scènes de la première croisade, et il nous parlera de Godefroy de Bouillon et des hommes qui prirent part à ces luttes de géants.

E. BAVARD, curé de Volnay.

---

[1] *Vie de sainte Élisabeth de Hongrie*, introduction, par le comte de Montalembert.

TEBSIMA
ou
L'EXILÉ DU DÉSERT

CHAPITRE I

TEBSIMA AU DÉSERT

Dans la charmante vallée de l'Ouche, à six lieues de Dijon, près du village de Saint-Victor, au sommet d'un rocher, se dressent les ruines du château de Marigny.

Autrefois ce castel mirait avec orgueil son front crénelé et sa taille gigantesque dans les eaux de la rivière qui coule à ses pieds. Debout sur son donjon, la sentinelle voyait de loin venir l'ennemi : quand elle avait sonné l'alarme, que le pont-levis était levé, que les arquebusiers étaient aux meurtrières et au sommet des tours, le châtelain pouvait impunément braver ses adversaires.

Ce manoir fut l'une des quatre premières baronnies de Bourgogne. Il appartint à de hauts et puissants seigneurs : les Marigny, les Montaigu et les Rochechouart s'y succédèrent[1].

Aujourd'hui le vieux roi de la vallée a perdu son manteau de granit et sa couronne de créneaux; sa puissance s'est évanouie, et depuis des siècles les preux qui l'habitèrent sont endormis dans leur armure. Après ses désastres, Marigny garde sur son rocher une attitude si fière, qu'il semble régner encore sur les bois, les prairies, les champs, les coteaux et les villages qui l'entourent.

La nature, comme si elle eût voulu réparer les ravages de l'homme et les injures du temps, a jeté sur ces ruines un manteau de verdure et de fleurs. Elle a couvert les murailles de plantes saxatiles; elle a suspendu des draperies de lierre aux fenêtres privées de vitraux; elle a étendu la voûte des cieux sur les salles découvertes, et elle a mis de grands arbres à la place des tourelles tombées.

Malgré la fierté de son attitude et le luxe de sa végétation, ce monument est triste comme un tombeau; ses colonnes et ses arceaux, dispersés sur le sol, ressemblent à des ossements, et un silence de mort plane autour de lui.

Près de là, au flanc de la montagne, se trouve une grotte. Une large pierre en ferme l'entrée, et un genévrier la couvre de son funèbre feuillage. Cette grotte est un sépulcre, dont la pierre ne fut point mouillée par les larmes d'une mère, et dont le silence ne fut jamais troublé par la visite d'une sœur.

Là repose un exilé.

L'herbe depuis longtemps a caché l'empreinte de

[1] Courtépée, t. IV, art. *Marigny*.

ses pas ; bientôt l'oubli aura effacé son souvenir. Avant que sa mémoire soit entièrement éteinte, laissez-moi vous raconter sa légende, l'une des plus belles du XII° siècle.

Pour cela, il faut faire revivre l'exilé, reconstruire l'antique castel et ressusciter ses seigneurs.

Pendant plusieurs années du XII° siècle, la grotte sépulcrale fut un ermitage, et la clairière qui s'étend devant elle un jardin. De riches familles de fleurs peuplaient ce lieu, où l'on ne retrouve que la violette et l'anémone. Des arbres fruitiers croissaient où l'on ne voit plus que l'aubépine et l'églantier.

Reportons-nous à ce temps.

C'était par une journée d'automne ; le ciel était pur, le soleil versait ses rayons d'or sur le feuillage jauni de la forêt ; les oiseaux disaient leur chant d'adieu aux échos de la montagne, et l'air était plein de ce mélancolique parfum que répandent les feuilles qui tombent et l'herbe qui se flétrit.

L'habitant du rocher sortit de sa grotte. Sa figure maladive s'harmonisait avec les teintes de cette nature d'automne. Le solitaire avait trente ans ; il était vêtu d'une tunique blanche et d'un manteau noir ; des sandales étaient à ses pieds ; un turban rayé de vives couleurs couvrait sa chevelure. Il avait le regard vif, le teint basané, la longue barbe et la figure expressive des Orientaux. Ses traits amaigris, sa tête penchée et sa démarche languissante inspiraient l'intérêt et la compassion : l'exilé allait mourir avec la feuille des bois et l'herbe des champs.

Il se promena un instant dans le jardin. Il s'arrêtait devant chaque fleur ; son regard attristé semblait leur dire : Le printemps reviendra-t-il pour moi ? Vous reverrai-je épanouies ?...

Il se retira sous un massif d'arbres d'où l'on dominait la vallée. Il s'assit près d'une roche, au bord d'une fontaine dont le ruisseau disparaissait sous terre à quelques pas de là. La source du rocher était couverte de feuilles ; il les détourna. Un accès de toux et quelques gouttes de sang l'avertirent de son imprudence. Il étendit au soleil ses mains humides, et tomba dans une profonde méditation.

Des tourbillons de feuilles chassées par le vent, loin de le distraire, entretenaient ses austères pensées. « Pauvres feuilles d'automne, murmurait-il, comme vous tombent nos jours, et comme vous s'envolent nos années !... »

Une troupe d'hirondelles passa sur sa tête. A la vue de ces voyageuses qui fuyaient vers des climats plus doux, il pleura, en se souvenant de son pays natal, où continuellement les jours sont chauds et les nuits étoilées.

Une visite inattendue vint le tirer de sa méditation. Un vieillard sortit de la forêt ; il portait avec grâce la robe de Saint-Benoît et le scapulaire noir ; ses rares cheveux blancs formaient une lumineuse auréole autour de sa tête ; la sérénité de son front, la franchise de son regard et la douceur de son sourire disposaient l'âme à la confiance et dilataient le cœur. C'était frère Albéric, l'infirmier d'un monastère voisin. Ce religieux avait du baume pour toutes les blessures, et une consolation pour toutes les douleurs. Ceux qui souffraient allaient avec assurance frapper à sa cellule ; et quand ils ne pouvaient venir à lui, il courait à eux, portant l'aumône aux pauvres, des remèdes aux malades, le pardon et le viatique aux mourants.

Le solitaire le voyait pour la première fois; mais il entendait depuis si longtemps vanter sa charité, que déjà il le connaissait et le vénérait. Il s'avança au-devant du vieillard, lui baisa respectueusement la main, le conduisit près de la fontaine, et le fit asseoir sur un banc couvert de mousse.

« Mon fils, dit le religieux, j'ai appris que vous êtes malade, et je viens vous visiter.

— Béni soit Dieu qui vous envoie! répondit l'ermite; mais il est trop tard, il n'y a plus de remède à mes maux. Les jours de mon pèlerinage ont été si mauvais, que mes forces ont défailli avant le temps.

— Vous êtes jeune, vos forces renaîtront.

— Mon père, l'arbrisseau arraché du sol natal ne reverdit plus une fois qu'il est desséché. Pour me faire revivre, il faudrait la terre et le soleil de mon pays, et jamais je ne les reverrai.

— Quel est votre pays ?

— Il est loin, bien loin au delà des mers; c'est l'Arabie.

— Comment l'avez-vous quittée et êtes-vous venu dans nos montagnes ? »

En ce moment, le vent du midi secouait avec violence les arbres de la forêt.

« Voyez-vous, répondit le solitaire, tourbillonner ces feuilles ? Le vent les apporte vers nous. Elles sont tombées dans le ruisseau. Le courant les entraîne. Pauvres feuilles d'automne, où allez-vous ?... Elles ont disparu sous terre. Voilà l'image de ma vie; jusqu'ici j'ai été errant comme la feuille détachée de l'arbre. D'abord le vent du midi m'a promené dans le désert, puis le vent du nord m'a roulé de la colline au vallon, du vallon à la montagne; et maintenant voici que le souffle de la mort me chasse vers la tombe.

— Mon fils, vous me causez un vif intérêt ; si je ne suis point indiscret, je vous prierai de me dire les événements qui vous ont conduit ici. »

Frère Albéric survenait dans une heure où le solitaire était disposé à l'expansion : il venait de donner des larmes au départ des hirondelles, et de jeter des paroles émues aux feuilles tombées.

« Mon père, répondit-il, je le ferai avec plaisir, car, par nature, l'Arabe aime à raconter ; puis, quand l'homme souffre et qu'il est seul, il éprouve le besoin, s'il rencontre un ami, de pencher vers lui son cœur et de verser dans son sein ses peines et ses souvenirs. »

Alors commença entre l'ermite et le religieux une suite d'entretiens que nous allons rapporter. L'infirmier prodiguait ses soins au malade, et celui-ci en retour redisait quelques pages de son histoire.

Il commença son premier récit :

Je suis fils d'Ibrahim ; mon père est le grand émir du désert et un descendant du Prophète. Je naquis près de Saba, dans une riante oasis de l'Orient. Ma naissance fut un jour de deuil sous la tente paternelle : je coûtai la vie à la douce Zora.

En souvenir de ce douloureux événement, je fus appelé Tebsima Ben-Beka, ce qui veux dire, en arabe, *Sourire Fils-des-Pleurs*. Avant d'expirer, ma mère me pressa sur ses lèvres et dit avec un mélancolique sourire : « Pauvre petit, tu me coûtes si cher, que tu mérites le nom de Ben-Beka, de *Fils-des-Pleurs*. Mais ce nom seul serait trop triste : tu t'appelleras aussi Tebsima, *Sourire*. Que tu sois aimé de ton père, de ta sœur et de tes frères, en mémoire de mon dernier sourire et de mes dernières larmes. »

Cette femme était si vertueuse et si belle, qu'Ibrahim n'eut jamais d'autre épouse. Avant ma naissance, elle lui avait déjà donné douze fils, les plus nobles enfants de l'Arabie, et une fille appelée Saraï, sage et gracieuse comme sa mère.

Venu au monde sous de si fatals auspices, je ne fus point délaissé; tous se réunirent autour de moi pour me faire oublier que je n'avais plus de mère.

Saraï, à peine âgée de douze ans, me reçut des mains mourantes de Zorah. Dès lors son âme virginale se remplit de toutes les sollicitudes maternelles; ses jours devinrent sans repos et ses nuits sans sommeil : la tourterelle près de son nid est moins assidue et moins tendre que ne le fut Saraï autour de mon berceau.

Mon père me prenait souvent sur ses genoux, et son visage, ordinairement si triste, s'éclairait d'un sourire en me regardant. Il ne se lassait point de contempler mes traits : il y trouvait, disait-il, la vivante image de sa chère Zorah.

Quand mes frères étaient sous la tente, ils se disputaient le petit orphelin. Au retour de leurs courses, ils lui apportaient des fleurs, des fruits, de jeunes passereaux surpris dans la fente d'un rocher, ou un rayon de miel arraché du creux d'un vieil arbre.

Plus tard, quand j'eus un peu grandi, ils me conduisirent garder les troupeaux. Ils me menèrent recueillir l'encens sur les collines, et chercher le baume et la myrrhe au désert.

Comme nous nous aimions !... Et combien nous étions heureux, après les fatigues du jour, de nous trouver réunis pour le repas du soir !... Notre présence ramenait la joie dans le cœur d'Ibrahim. Souvent il se prenait à redire des histoires si touchantes, qu'elles nous faisaient pleurer. Alors nous passions de longues heures à la porte de nos tentes, ne nous lassant point d'écouter la voix de notre père, de jouir de la fraîcheur de la nuit et de respirer les brises embaumées.

Un affreux malheur vint disperser pour jamais les enfants d'Ibrahim.

Le vieil émir conduisait mes frères au grand pèlerinage de la Mecque et de Médine. Je voulus les suivre à la Kaaba[1] et au tombeau de Mahomet. Tous s'y opposèrent, disant que j'étais trop jeune pour supporter les fatigues d'un si long voyage. Pour me consoler, ils me promirent de revenir bientôt, en m'apportant de riches présents. Ils m'embrassèrent et prirent le chemin des solitudes de l'Arabie.

Je les suivis du regard. Mes frères répondaient gaiement au chamelier qui marchait à la tête de la caravane, en redisant le chant du départ. Quand les pèlerins eurent disparu dans l'immensité du désert, je me jetai au cou de Saraï, et nous pleurâmes comme si nous ne devions plus les revoir.

Que les jours qui suivirent nous parurent longs!...

Enfin arriva le terme où les pèlerins nous avaient promis leur retour. Saraï et moi nous allâmes, dès le matin, nous asseoir sur un rocher qui dominait la plaine sablonneuse où nous les avions vus disparaître. Brûlés par un ciel de feu, nous attendîmes tout le jour. Rien n'apparut dans le lointain. Nous vîmes seulement passer une troupe de gazelles qui se rendaient à une source voisine. Le soleil descendit sur l'horizon; il enflamma les brumes du soir et se ba-

---

[1] La Kaaba, le temple le plus vénéré des musulmans, est à la Mecque; le tombeau de Mahomet est à Médine.

lança un moment dans un fluide d'or : nous aurions voulu retarder sa course ; mais il disparut, et les voyageurs ne revinrent point.

Accablés de tristesse, nous descendîmes sous notre tente. Saraï était poursuivie par de sinistres pressentiments. Je lui dis : « Console-toi, ma sœur, nous embrasserons bientôt notre père et nos frères. Ils ont eu sans doute quelque retard : cela n'est pas surprenant dans un pareil voyage. »

Le lendemain, nous fûmes encore nous asseoir sur le rocher ; nous ne le quittâmes que quand nous entendîmes le lion rugir dans la nuit. Ce jour-là, pas un nuage ne monta à l'horizon, pas un oiseau ne traversa la solitude...

En regagnant notre demeure, les pieds de Saraï s'embarrassèrent dans les rameaux d'un vieil olivier dont l'orage avait, quelques jours avant, brisé le sommet et abattu les rejetons. Elle me dit en soupirant : « Tebsima, le simoun qui a frappé l'olivier et détruit ses rejetons n'a-t-il point surpris notre père et ses fils au milieu du désert ? — Ma sœur, lui répondis-je, rassure-toi, notre père est habile à prévoir les tempêtes : depuis près de soixante ans, il parcourt les sables de l'Arabie. »

Rentré sous la tente, je mangeai mon pain en le mouillant de larmes ; ma sœur ne mangea point : elle s'assit à l'écart, se couvrit la tête de son manteau et pleura. Elle pensait à l'olivier brisé par le simoun et aux voyageurs traversant le désert.

Le troisième jour nous retournâmes sur le roc solitaire. Le soir, Saraï se leva dans un transport de joie en s'écriant : « Tebsima, voici les pèlerins !... Regarde ; le chamelier se montre à l'horizon. Attendons un peu, les cavaliers vont suivre, et toute la caravane se déroulera devant nous!... »

Les cavaliers ne parurent point!... Et nous vîmes que ce n'était pas le chamelier de la caravane, mais seulement un voyageur monté sur un dromadaire conduit par un esclave. Cette déception fut si cruelle, que nous nous jetâmes dans les bras l'un de l'autre en sanglotant. « C'est fini, disions-nous, les pèlerins ne reviendront plus!... Notre père, nos frères, pourquoi nous avez-vous abandonnés!... — Descendons dans la plaine, ajouta Saraï, nous demanderons à cet étranger s'il n'a pas vu les pèlerins. »

Arrivés au milieu des sables, nous reconnûmes le voyageur : c'était Ibrahim! Nous courûmes à lui : il demeura insensible à notre approche. Nous tendîmes les mains pour presser les siennes : il ne les prit point. Nous le saluâmes du nom de père. Entendant nos voix, il leva la tête, et laissa tomber sur nous un amer sourire : nous fûmes effrayés par ce sourire que n'animait plus le regard. Nous demandâmes nos frères. Il ne répondit point : il joignit les mains, et porta ses yeux éteints vers le ciel!

Quand nous fûmes près des tentes, l'esclave arrêta le dromadaire, et Ibrahim descendit. Nous vîmes, à sa démarche incertaine, à ses bras étendus dans l'ombre, qu'il était aveugle! Il demanda la main de sa fille pour le conduire à sa demeure. Il ne prit aucune nourriture et ne voulut point que Saraï lui lavât les pieds. Il s'assit et pleura.

Nous nous agenouillâmes à ses côtés, et nos larmes se mêlèrent aux siennes. — « Père, lui disions-nous, quel malheur vous est survenu dans le voyage?... Pourquoi ne ramenez-vous pas nos frères?... » Il garda pendant longtemps un morne silence; puis, cédant à nos instances, il dit :

« Nous revenions des villes saintes, nous parcourions depuis plusieurs jours les solitudes de l'Arabie. Nos montures s'arrachaient avec peine des sables mouvants. Le regard cherchait en vain à l'horizon un arbre, un rocher ; le désert s'étendait autour de nous immense comme l'Océan. Nous cheminions sans crainte : le ciel était calme, et rien n'annonçait la tempête. Pour nous consoler de nos fatigues, nous pensions à Saraï et à Tebsima : nous nous entretenions du bonheur de les revoir, et du plaisir que leur causeraient les colliers de perles et d'ambre, les tuniques et les turbans aux riches couleurs que nous leur apportions.

« Tout à coup le simoun souffle avec violence. Le sol est emporté devant nous ; il ne présente à nos pas que des abîmes qui s'ouvrent, se ferment, pour s'ouvrir encore. La solitude, sortie de son calme, est devenue terrible comme une mer en furie. Les sables s'élèvent en tourbillons, ils se condensent en nuages et retombent en torrents. Pauvres voyageurs, dispersés par la tempête, nous nous cherchons au sein des ténèbres ; nous nous appelons au milieu des vagues brûlantes. Nos cris sont pleins d'angoisses et de détresse, comme ceux des naufragés. L'ouragan répond seul à nos voix : il tue de son souffle de feu, et ensevelit ses victimes sous des montagnes de sable.

« Quand les nuages furent tombés du ciel, et que le soleil éclaira des paysages éphémères, des horizons nouveaux créés par la tourmente, je trouvai ma cavale morte à mes pieds. Le dromadaire qui ouvrait la caravane m'avait sauvé du trépas en se couchant près de moi et en me faisant un rempart de son corps. Mes yeux, s'étant remplis de gravier et de poussière, me causaient une douleur intolérable. Ce fut en vain qu'essayant de les ouvrir, je cherchai du regard mes compagnons de voyage ; je m'aperçus que j'étais aveugle ! J'appelai mes fils : ils ne répondirent point. Le chamelier accourut seul près de moi. Je demeurai trois jours dans ce lieu, errant et appelant mes fils. Pas un cri, pas un soupir ne répondit à ma voix : le calme et le silence du tombeau avaient succédé aux mugissements de la tempête ! — Enfants, ne me demandez pas vos frères ; ils ne reviendront plus. Ils sont ensevelis pour jamais dans les sables du désert !... »

L'infortuné vieillard, en achevant ces mots, étendit les bras et nous pressa sur son sein. Nous passâmes cette nuit nous tenant embrassés et mêlant nos larmes. « Mon père, disais-je, je grandirai, et je remplacerai mes frères ! — Et moi, ajoutait Saraï, je serai la lumière de vos yeux et le bâton de votre vieillesse. » Le malheureux père était sourd à nos voix et insensible à nos caresses : il ne pensait qu'aux fils qu'il avait perdus.

Cet événement éteignit toute joie sous notre tente. Ibrahim devint si austère, que depuis jamais on ne le vit sourire. Mon âme d'enfant prit une teinte de tristesse qu'elle ne quitta plus. Saraï, surprise par le malheur dans ses riantes années, fut subitement sérieuse comme une femme.

Elle ne joua plus avec ses compagnes. Elle ne cueillit plus les branches fleuries de l'oranger pour en orner sa chevelure. Tous ses instants furent consacrés à son père infirme et à son frère enfant. Elle employa tous ses soins à distraire le vieil aveugle ; pour lui faire oublier la longueur des jours, elle se servait d'aimables causeries et de chants où sa voix plaintive se mêlait aux soupirs de la guitare.

Son unique distraction était de sortir le soir et d'aller puiser de l'eau, soit à la fontaine des palmiers, soit à des puits profonds, soit au bord d'un torrent, selon les lieux où s'arrêtait notre caravane. Il me semble voir encore revenir cette pauvre jeune

Le simoun.

fille; d'une main elle soutient un vase sur sa tête, et de l'autre elle conduit son petit frère. Comme elle me paraît aimable avec sa figure douce et rêveuse, sa robe traînante et ses pieds nus!...

Je fus longtemps avant d'apprécier tout ce qu'il y avait de beau dans cette vie de solitude et de tendresse. Mais un jour, au sortir de l'enfance, étant étendu malade sur une natte, je regardais Saraï pressant un citron dans une coupe d'eau; je remarquai que ses larmes tombaient dans le breuvage : alors je compris combien elle savait aimer.

Il y avait dans cette âme plus que de la tendresse, il y avait l'héroïsme de l'amour filial et fraternel. Les jeunes filles de l'Arabie sont idolâtres de leurs parures; pour quelques perles et un collier de corail, elles vendraient un empire. Saraï reçut les sommes nécessaires à se procurer les bijoux que réclamait son rang; elle s'en servit pour acheter des vêtements plus chauds à son vieux père, et des tuniques plus riches à son jeune frère.

Quand je fus capable de dompter un coursier, un Arabe conduisit à mon père une cavale noire aux crins épars, à l'allure fière et au regard plein de feu et d'intelligence. L'émir offrit une forte somme d'or pour prix de ce magnifique animal. L'Arabe n'en voulut point. Ibrahim lui présenta une chamelle et son petit. Il n'en voulut point encore; il demanda les bracelets de Saraï pour en faire don à sa fiancée. Ma sœur m'interrogea des yeux, puis elle regarda mon père : elle lut sur nos visages notre vif désir de posséder la noble cavale. Elle détacha aussitôt les bracelets que lui avait laissés ma mère; elle les baisa en pleurant, et les remit aux mains de l'étranger.

Saraï sacrifia même son cœur à cette héroïque tendresse. En elle la beauté égalait la vertu et la noblesse; sa taille était élancée comme le palmier, et son regard était plus doux que celui de la gazelle. Aussi les plus puissants émirs de l'Orient demandèrent sa main. A ces propositions, les joues couvertes d'une pudique rougeur, elle répondait : « Je ne consentirai jamais à être épouse; car si je quittais la tente d'Ibrahim, que deviendrait mon père, et qui servirait de mère à Tebsima ? » Quand les brillants émirs étaient partis, elle nous embrassait, et toutes ses pensées et ses regrets d'amour terrestre étaient oubliés.

Pardonnez, mon père, dit l'exilé à frère Albério, pardonnez si je parle longuement de Saraï. Je ne me lasse point de contempler cette douce figure : elle m'apparaît, au milieu des tristesses de mon enfance, radieuse comme l'ange qui vint au désert consoler Agar et Ismaël.

Vous ne connaissez point encore tous les titres de Saraï à ma reconnaissance. Écoutez, et jugez si je puis trop l'aimer.

Nous étions dans une oasis voisine de l'Yémen, la plus belle contrée de l'Arabie : nos tentes étaient dressées sur la lisière d'un bois, et nos troupeaux paissaient dans de vertes prairies.

A quelques lieues au delà des sables se trouvaient deux tribus puissantes. L'une avait pour chef Almir, et l'autre Abdallah. Elles s'étaient voué une haine implacable.

Un jour Zirma, de la tribu d'Almir, jeune fille d'une beauté fière et d'une âme vindicative, attendait sous un sycomore ses sept frères qui étaient allés chasser l'autruche. Elle vit venir un cavalier du fond du désert.

Quand il fut près de la jeune fille, il déchira son voile et lui arracha des mains sa guitare, qu'il jeta contre terre en disant : « Puissé-je briser ainsi les fils de ton père !... » Les cordes de la guitare rendirent, en se brisant, une plaintive harmonie.

Le cavalier continua sa course.

La jeune fille, tout échevelée, alla trouver ses frères

à leur retour. Elle roula son front dans la poussière, et, mettant ses mains sur sa tête, elle s'écria : « Vengeance !... vengeance !... Salmar, fils d'Abdallah, a mis en pièces le voile de votre sœur et rompu sa guitare en disant : « Puissé-je ainsi briser les fils de ton père! »

— Ne pleure point, Zirma, reprit l'aîné des frères, il y aura du sang de versé cette nuit. Voici sur le sable les traces de la cavale de Salmar; il saura bientôt si la lame de mon cimeterre est tranchante. »

Le soir de ce jour, nous étions assis, prenant le repas de famille. Un étranger mangeait avec nous.

L'air était calme, le ciel était pur : pas un nuage ne flottait à l'horizon. Tout à coup nous vîmes un tourbillon se lever dans le lointain et venir à nous.

A cette vue, l'étranger me tira à l'écart, plaça son doigt sur mes lèvres et dit, en me montrant un grenadier : « Enfant, que ta bouche reste plus étroitement fermée sur ma présence en ce lieu que ne l'est un bouton de cet arbrisseau. » Il dit, et se cacha sous une tente.

Le tourbillon s'était approché. Il nous laissa voir un jeune homme emporté par un cheval blanc; un cimeterre pendait à son côté; il avait un arc à la main et trois poignards à sa ceinture.

Comme j'étais le plus jeune de la tribu, je fus à sa rencontre; je lui présentai ma coupe, et je l'invitai au repas du soir.

« Enfant, me dit le voyageur, je ne boirai pas le lait de la chamelle, je ne romprai point le pain de l'hospitalité, que tu ne m'aies dit où est Salmar, mon ennemi. »

A cette question, mon front rougit et ma langue balbutia. Je ne pouvais trahir celui qui avait rompu le pain avec nous et mis le pied sous nos tentes. Je répondis avec hésitation : « Je ne connais point Salmar.

— Tu mens, jeune enfant! je le vois à la rougeur de ton front et au tremblement de ta voix. Tu mens! il s'est arrêté sous vos tentes; voici les pas de son cheval empreints sur le sable. Va lui dire que l'aîné des frères de Zirma le demande, et qu'il est seul.

— Laisse Salmar, ton ennemi : pour le défendre, ma tribu se lèverait comme un seul homme. Trempe plutôt tes lèvres à la coupe de l'hospitalité. »

Le cavalier prit la coupe, en approcha dédaigneusement les lèvres, et la répandit en disant : « C'est ainsi que je verserai le sang du premier fils de ta tribu que je rencontrerai dans le désert. »

Il dit et disparut.

Salmar se hâta de fuir : il craignait que, pendant la nuit, les fils d'Almir ne vinssent l'attendre dans la solitude.

Le lendemain, j'allai comme de coutume à la chasse de la gazelle : seulement je pris une direction opposée à celle qu'avait suivie le terrible cavalier. Mon ardeur m'emporta loin de la tribu.

Après avoir couru tout le jour à travers les rochers et les sables, je m'assis, le soir, sous un palmier. Ma cavale, haletante, était couchée près de moi ; j'essuyais tranquillement la sueur qui s'échappait de sa luisante crinière.

Tout à coup je fus surpris par six frères de Zirma, qui tombèrent sur moi comme six vautours qui se disputent une colombe. Ils revenaient de la solitude, où ils étaient allés, pendant les ténèbres, attendre le passage de leur ennemi.

« Te rappelles-tu, me dit le cavalier de la veille, Salmar, ton hôte, et la coupe de lait répandu?... Enfant, malheur à toi! Monte sur ta cavale, et suis-nous. »

Je pleurai, je suppliai, je criai : ils furent inexorables comme la mort. Il fallut obéir, et toute la nuit ils m'entraînèrent dans les profondeurs du désert.

Étant arrivés, ils dirent à leur sœur, sortie pour respirer l'air du matin : « Zirma, Salmar s'est échappé de nos mains. Mais ne pleure pas, l'un de nos frères est sur ses traces. Tu seras vengée, nous le jurons sur la tête de cet enfant. Tebsima, malheur à toi si dans deux jours l'infâme respire encore! ton sang sera versé pour le sien. »

Ils m'attachèrent au pied d'un olivier sauvage. Pendant deux jours je n'eus d'autre nourriture que les fruits qui tombèrent de cet arbre, et j'attendis la mort.

La nuit qui terminait le second jour arriva. Le redoutable cavalier passa devant moi et dit : « Enfant, fais ta prière!... C'est écrit, tu vas mourir!... Tout à l'heure j'ai entendu des corbeaux crier dans le désert, et le soleil vient de se coucher dans un nuage de sang. Fais ta dernière prière du soir! Recommande ton âme à Allah! »

Je ne puis vous rendre ni l'effroi que me causa cette invitation sinistre : « Enfant, fais ta dernière prière du soir! » ni l'agonie qui suivit ces paroles : « C'est écrit, tu vas mourir!... » Mourir, pieds et mains liés, comme l'agneau qu'on égorge; mourir à douze ans! sans pouvoir dire adieu à ceux qu'on aime! Ah! que cette mort est amère!...

Je passai cette nuit à contempler l'étendue des sables, cherchant à distinguer le frère de Zirma qui revenait. Mais mes regards ne découvraient dans le lointain que des arbres et des rochers immobiles. Las de regarder, j'appuyai mon oreille sur la terre, pour saisir le plus léger bruit venant du désert. Mais je n'entendis que le cri funèbre du hibou, et le grillon, qui chantait joyeusement dans les sables.

Sur la fin de cette nuit, un peu avant l'apparition du troisième jour, le frère de Zirma passa une seconde fois en aiguisant son cimeterre. « L'orient, me cria-t-il, est bien rouge : il y aura du sang de versé au lever du soleil. Enfant, prie une dernière fois, prie pour ton âme, prie pour ta mère! prie Allah!... »

Oh! que diront mon père et Saraï quand on leur portera ma robe sanglante? qui les consolera?... Cette pensée était une épine qui me perçait le cœur.

Une dernière fois je me mis à écouter les bruits venant de la solitude. Un instant l'espérance fit battre mon cœur; il me sembla entendre des pas lointains. Bientôt je reconnus la marche d'un chameau. « Ton frère, dis-je au fils d'Almir, monte-t-il un chameau ou une cavale?

— Il est, me répondit-il, emporté par un cheval rapide. »

Mes inquiétudes recommencèrent.

Je vis le chameau s'avancer au milieu des tentes. Il portait une femme voilée. A sa taille svelte comme le palmier, à ses vêtements de deuil, je reconnus Saraï. Alors j'oubliai mes liens, et je m'élançai vers elle. Je retombai rudement sur la terre.

Les filles de la tribu entourèrent l'aimable étrangère, et la firent asseoir à la porte de la tente des vieillards. « Mes sœurs, dit-elle, éveillez vos pères et vos frères; j'ai besoin d'épancher devant eux ma douleur. »

Elle s'assit en face des vieillards et dit : « Il y avait, dans le pays de Saba, un aveugle qui n'avait pour tout bien qu'un petit chien; il le nourrissait de son pain, il le laissait boire dans sa coupe et le faisait dormir à ses pieds. Mais, comme cette innocente créature gardait trop fidèlement la tente de son maître et ceux qui reposaient près de lui, de jeunes hommes, d'une tribu riche et puissante, l'ont pris et immolé. Maintenant que deviendra le vieillard? Ses yeux éteints versent des larmes, et il n'a personne pour le conduire. Qu'Allah ait pitié du pauvre aveugle !

— Jeune vierge, répondirent vivement les frères de Zirma, dis-nous quels sont les fils de cette tribu? Nous le jurons par Allah! leur sang coulera si nous les rencontrons.

— Jeunes hommes, reprit-elle, c'est vous-mêmes!... En ravissant à mon père aveugle son unique fils, vous lui avez enlevé la lumière de ses yeux et le soutien de ses dernières années. Six lions du désert, quelle gloire pour vous d'avoir dévoré cette gazelle!... Je viens vous demander les restes de Tebsima, pour les déposer dans le tombeau de ses ancêtres. Je n'ai plus rien; j'ai donné mes pendants d'oreilles à l'esclave qui m'a conduite ici. Tenez, voici le miroir d'argent que me laissa ma mère; prenez-le, et rendez-moi le corps de mon frère!... Ah! je vous en conjure, par l'amour que vous portez à votre père et à la belle Zirma, votre sœur, ayez pitié du plus infortuné des pères et de la plus malheureuse des sœurs! »

En achevant ces mots, Saraï, tout en larmes, se jeta aux pieds d'Almir et de ses fils, et approcha leurs mains de ses lèvres suppliantes.

« Jeune fille, dirent-ils, essuie tes pleurs, et bénis Allah, ton frère vit encore. »

Zirma avait coupé mes liens, et j'étais dans les bras de Saraï.

« Tiens, ma sœur, dit-elle à Zirma, prends ce miroir d'argent, puisque tu me rends mon frère; prends-le en souvenir de moi. »

Zirma le reçut ; mais en retour elle donna à Saraï le sien, qui était enrichi de perles et de diamants.

Les vieillards admirèrent le courage et la sagesse de cette jeune fille, qui venait de sauver son frère, et de préserver deux tribus de haines éternelles et de cruelles vengeances. Ils déclarèrent son père plus heureux que s'il avait sept fils au lieu d'elle. Cet acte héroïque redoubla la tendresse que j'avais pour Saraï.

Ma sœur ne devait pas jouir bien des années du fruit de son dévouement : à l'âge de dix-sept ans, je fus obligé de partir pour les champs de bataille de la Syrie et de la Palestine.

Saraï fit de vives instances pour empêcher ce départ : mon père fut inflexible. Ce fut en vain que, lui rappelant la mort de mes douze frères, elle le supplia de ne pas livrer aux périls de la guerre son fils unique, le bâton de sa vieillesse, l'espoir de sa postérité. « Ma fille, répondit-il, Nicée, un des boulevards de l'Orient, vient de tomber au pouvoir des chrétiens ; six cent mille de leurs guerriers inondent les plaines de la Syrie, et menacent la Palestine et l'Arabie : un descendant de Mahomet ne peut demeurer sous la tente quand on se bat pour l'honneur du Croissant. »

Et, me remettant sa dague et son cimeterre, il ajouta : « Tu le vois, je ne puis t'accompagner, je suis aveugle. J'avais douze fils, ils sont morts ! Pars, qu'Allah te protège ! Sois terrible aux chrétiens comme l'aurait été, si le destin l'eût permis, ma famille tout entière. Va, que tes exploits consolent ton vieux père de l'inaction à laquelle le condamnent ses yeux éteints. Tebsima, souviens-toi que sur le champ de bataille on doit mourir plutôt que de reculer. »

Je reçus la dague et le cimeterre, et je partis.

Saraï, comme l'aurait fait une mère, m'accompagna loin de la tribu. Je la vois encore, sous le térébinthe où elle me reconduisit. Longtemps elle m'arrosa de larmes; je ne pouvais m'arracher de ses bras : on eût dit que son cœur pressentait mes revers et la durée de notre séparation.

Quand je fus monté sur cette cavale qui lui coûta si cher, je me plaçai au milieu de mes compagnons d'armes; ils entonnèrent un chant de guerre en éperonnant leurs chevaux, et nous fûmes rapidement emportés dans un nuage de sable et de poussière.

Je me retournai une dernière fois. Saraï était à la même place, immobile, la tête levée vers le ciel, les bras pendants et les mains jointes : jamais je ne vis attitude plus douloureuse. Aussi l'image en est-elle gravée là, dit le solitaire en mettant la main sur sa poitrine, et je crois que si, après ma mort, on ouvrait mon cœur, on y trouverait empreinte la figure si triste de Saraï.

Pauvre Saraï ! comme j'ai été infidèle à ma promesse !... Je t'avais dit : « A bientôt ! — Oui, me répondais-tu, à bientôt !... car il me semble que je ne pourrais vivre sans toi !... Au lieu de ces paroles d'espérance, j'aurais dû t'adresser un éternel adieu. Je me trompe, Saraï, en disant un éternel adieu; car le Christ, que je sers, est tout-puissant, et je prierai tant pour ton âme et celle de mon père, qu'il nous accordera de nous revoir au ciel. »

Tebsima suspendit son récit : ses yeux étaient remplis de larmes, et l'émotion avait étouffé sa voix.

Frère Albéric, plein de respect pour cette douleur, pressa la main de l'exilé et s'éloigna.

CHAPITRE II

LA CROISADE

Le départ de Tobsima pour les luttes gigantesques dont la Syrie et la Palestine furent le théâtre piqua vivement la curiosité de frère Albéric. Ce bon religieux était comme le vieux destrier qui, cultivant la terre après avoir vécu au milieu des armes, tressaille dès qu'il entend la fanfare guerrière.

Albéric avait passé sa jeunesse dans la chevalerie, où il avait été, par sa bravoure et son adresse, par sa loyauté, sa vertu simple et modeste, le modèle des preux ; ses compagnons d'armes disaient de lui : « Il est courageux comme un lion et pudique comme une vierge. »

L'héroïsme de la charité le conduisit à la vie religieuse. La peste et la famine, si fréquentes à cette époque, désolèrent sa baronnie. Pour nourrir ses vasseaux, il engagea sa terre et son manoir. Les pauvres des contrées voisines étant accourus à sa demeure, il vendit, pour les assister, son cheval et son armure.

Après la cessation du fléau, il ne restait plus à Albéric que son cœur : il le donna à Jésus. Il suivit dans la solitude deux hommes de Dieu, venus dans sa baronnie au secours des pestiférés.

Les trois anachorètes s'enfoncèrent dans une épaisse forêt. Ils se fixèrent près d'un ruisseau, dans une vallée sauvage entourée de rochers; ils défrichèrent le sol et se bâtirent des huttes de feuillage. Bientôt les huttes disparurent, et un petit monastère s'éleva pour recueillir les disciples accourus près des solitaires. Plus tard, ces cénobites se joignirent à quelques religieux de Cîteaux, et fondèrent l'abbaye de la Bussière[1].

Le baron, après avoir passé plusieurs années dans l'étude et la prière, fut consacré prêtre. Il eut pour charge de garder la porte du couvent, d'être l'hôtelier des étrangers et le serviteur des infirmes et des pauvres.

Pendant que frère Albéric ne connaissait des bruits de la terre que le murmure de son ruisseau et les soupirs de la forêt, de grands événements se préparaient dans le monde, Pierre l'Ermite parcourait l'Europe, pleurant comme un autre Jérémie sur Jérusalem et ses enfants tombés aux mains des infidèles. Et le pontife de Rome, Urbain II, voyant les hordes musulmanes envahir les chrétientés de l'Asie, jetait le cri d'alarme au sein des nations de l'Occident. Il invitait les guerriers à se grouper autour de la croix pour reconquérir la Terre-Sainte et refouler au désert l'islamisme et la barbarie[2].

L'Europe s'émut; les barons et les hommes du peuple répondirent à la voix du pontife par ces cris: « Aux armes! Dieu le veut! » En l'an 1096, Godefroy de Bouillon traversa la France, entraînant après lui des multitudes armées : Tancrède et Bohémond sor-

---

[1] Abbaye de l'ordre et de la filiation de Cîteaux, située dans la vallée de l'Ouche, à peu de distance du château de Marigny.
[2] Baronius, an 1095.

tirent de la Sicile et de l'Italie à la tête de nombreux chevaliers. Tous se précipitèrent sur l'Orient[1].

A cet instant, frère Albéric sentit se réveiller dans

Pierre l'Ermite parcourant toute l'Europe.

son âme les vieilles ardeurs du soldat, et il eut besoin de sa vertu pour ne point s'échapper du cloître. Chaque fois que les échos du monastère répétaient les

[1] Guillaume de Tyr; Foucher de Chartres.

chants des chrétiens qui partaient pour la croisade, l'ancien chevalier tombait devant le christ de sa cellule et disait avec larmes : « Mon Dieu, que ne puis-je aller combattre en Palestine, voir Jérusalem et mourir!... »

Plus tard, quand quelques pèlerins, rares débris de ces glorieuses phalanges, vinrent demander l'hospitalité au monastère, frère Albéric ne se lassait point d'entendre raconter les prodiges de valeur accomplis dans les champs de Dorylée et d'Ascalon, sous les murs d'Antioche et de Jérusalem.

Le récit de la croisade, fait par un Arabe qui avait combattu les chrétiens, avait pour Albéric un intérêt particulier; aussi il revint bientôt à l'ermitage.

Il trouva, comme la première fois, l'exilé assis sous le berceau de la fontaine; les rayons du soleil, tamisés par le feuillage, tombaient sur lui comme une pluie d'or.

« Mon fils, dit le religieux, racontez-moi les luttes de votre jeunesse: elles répondent aux aspirations les plus vives qui aient agité mon âme : Dieu seul sait combien j'ai désiré prendre part à la croisade.»

Tebsima continua son récit.

A la nouvelle de la chute de Nicée, dit-il, mon père, à qui ses titres de grand émir et de petit-fils du Prophète donnaient un religieux ascendant sur l'Arabie, fit appel aux guerriers des tribus. Cinq mille cavaliers, l'élite des enfants du désert, répondirent à sa voix : ils étaient audacieux comme des aigles, indomptables comme des lions. Il mit à leur tête Ismaïl, son plus jeune frère, et m'attacha à sa personne en qualité d'écuyer.

Montés sur des chevaux vigoureux, nous franchîmes

vite les plaines sablonneuses de l'Arabie et les monts de la Palestine. Notre troupe rejoignit le sultan Ki-lidj-Arslan dans les montagnes de l'Asie Mineure, où il réunissait de nombreuses phalanges pour venger la perte de Nicée.

Les chrétiens, se dirigeant vers Antioche, s'étaient divisés en deux armées.

La plus faible, conduite par Bohémond, vint à peu de distance de nous, dresser ses tentes dans les champs de Dorylée.

A cette nouvelle, le sultan tressaille de joie ! « Qu'Allah soit béni, s'écrie-t-il, mes ennemis sont entre mes mains !... » Aussitôt, à la faveur de la nuit, il déploie ses escadrons sur les collines qui couronnent le camp des croisés.

Au lever du soleil[1], les trompettes sonnent, et les échos de la campagne de Dorylée s'éveillent au cri d'Allah, poussé par trois cent mille guerriers qui, le cimeterre au poing, se précipitent par torrents dans la vallée.

Bohémond range ses cavaliers en ordre de bataille : ils forment un carré de fer, au centre duquel se placent les femmes et les enfants. L'armée chrétienne offre l'aspect d'une citadelle d'airain hérissée de lances.

Nos fougueux escadrons se pressent autour de cette citadelle vivante, et lui livrent des assauts répétés. De part et d'autre la lutte est acharnée. Après dix heures d'attaques successives, Ismaïl, à la tête de ses Arabes, est parvenu à enfoncer la terrible forteresse. Là nos cimeterres mêlent le sang des femmes et des enfants à celui des soldats.

[1] Le 1er juillet 1097.

« Courage! s'écrie l'émir en agitant son étendard, courage! qu'aujourd'hui les chrétiens soient broyés sous les pieds de nos chevaux, comme le froment sous la meule. »

Ce danger suprême a réveillé un courage sublime dans l'âme des croisés. Les chevaliers sont des héros; les femmes se battent comme des lionnes; les enfants et les jeunes filles portent de l'eau, dans les casques des morts, aux combattants dévorés de soif, et les conjurent de les sauver. Cette résistance ne fait qu'irriter nos cavaliers et rendre la mêlée plus sanglante.

Ce fut en ce moment qu'Ismaïl fut mortellement blessé. Un chevalier lui emporta le bras gauche d'un coup de hache d'armes. Il levait la main pour abattre la tête de l'émir, quand, par un mouvement vif comme l'éclair, je lui plongeai mon cimeterre dans le cœur, en m'écriant : « Monstre, à défaut du Ciel, mon bras te foudroie! » Il roula dans la poussière, et Ismaïl le foula aux pieds de son cheval.

L'émir combattit encore un instant à la tête de ses soldats, mais bientôt je le vis pâlir et chanceler. Je le reçus entre mes bras, et je l'emportai sur ma cavale au bord d'une forêt qui longeait le champ de bataille.

Là je mis en lambeaux ma tunique, et je pansai sa blessure en pleurant. « Ne pleure pas, mon fils, c'était écrit. Je meurs content, tu as vengé ma mort, et je contemple la défaite des chrétiens. Regarde comme leurs rangs plient sous la masse de nos guerriers. » Et, voulant m'arracher au spectacle de ses douleurs, il ajouta : « J'ai soif, va me chercher un peu d'eau à la cascade que j'entends près de nous. »

Lorsque je revins, Ismaïl, que j'avais laissé si calme devant la mort, pleurait à son tour comme un enfant. Je lui présentai son casque plein d'une eau fraîche et limpide, il détourna la tête. « Mon fils, dit-il, je ne puis boire!... La Croix va triompher du Croissant!... Mes intrépides cavaliers sont perdus!... » Et son regard voilé de larmes se tourna vers l'horizon, d'où s'élevaient d'épais nuages de poussière que sillonnaient les éclairs lancés par des armures et des épées nues. C'était l'armée de Godefroy qui accourait au secours de Bohémond.

Ismaïl, versant l'eau, ajouta : « Ma bouche a cruellement soif, mais mon âme est encore plus altérée de vengeance. Mon fils, laisse-moi mourir seul, et va rejoindre tes compagnons d'armes. — Mon père, si je vous quittais à cette heure, je serais maudit d'Allah, de ma famille et de mes frères d'armes. — De grâce, laisse-moi mourir seul et vole au combat ! »

Voyant que j'étais sourd à sa voix, pour se délivrer du reste de vie qui m'enchaînait auprès de lui, il arracha l'appareil qui arrêtait le sang de sa blessure. « Mon fils, dit-il, ne te laisse point abattre par ce premier revers. Allah est puissant, il nous donnera la victoire. Jure-moi de combattre pour sa cause tant que durera la guerre contre les chrétiens. » J'étendis la main sur son cimeterre et je le jurai.

Ismaïl sourit à ce serment, et rendit le dernier soupir.

J'emportai son corps au sein de la forêt. Je le déposai sous un rocher. Là je l'embrassai une dernière fois, en lui disant adieu, au nom de ma famille et de ses soldats, et je retournai rejoindre les cavaliers arabes dans les champs de Dorylée.

Le combat dura le reste du jour. Le sultan, chassé

de la vallée, se retira sur les collines, qui devinrent le théâtre de scènes d'héroïsme et de carnage. Nos soldats ne reculaient sous les lances des chevaliers que pas à pas, laissant la terre rougie de leur sang et jonchée de leurs morts.

Les ténèbres seules séparèrent les combattants. Les chrétiens, précédés de leurs prêtres, rentrèrent dans leur camp en chantant des hymnes d'actions de grâces. Cette nuit s'écoula pour eux dans l'ivresse de la victoire; pour nous, elle se passa dans le deuil et les larmes[1].

Je réunis les cavaliers arabes : trois mille étaient demeurés sur le champ de bataille ! Je conduisis les restes de cette héroïque phalange près du corps d'Ismaïl. Nous creusâmes sa tombe sous le rocher.

Avant de le déposer dans le tombeau, le plus âgé d'entre nous détacha le casque doré de l'émir et le plaça sur ma tête. Alors tous mes compagnons d'armes, s'inclinant devant moi, me proclamèrent leur chef.

Je leur dis : « Je ne mérite point cet honneur, je ne suis qu'un enfant. C'est un hommage que vous voulez rendre à mon père et au valeureux Ismaïl. Je l'accepte, comptant sur la prudence des plus anciens pour me diriger, et espérant, par mon courage, vous faire oublier ma jeunesse. Si je deviens votre émir, c'est à condition que vous ferez avec moi serment de ne rentrer en Arabie qu'après avoir assisté au dernier combat contre les chrétiens. »

A ces mots, tous étendirent la main sur le cadavre d'Ismaïl et s'écrièrent : « Nous le jurons par Allah et son Prophète. »

---

[1] Chronique du moine Robert, *Bibliothèque des croisades*, t. I. — Rohrbacher, *Hist. de l'Église*, liv. LXVI.

Prenant le cimeterre de l'émir, je le présentai au plus intrépide en disant: « Tu es brave, c'est pourquoi je te donne ce glaive; tu abattras la tête du premier d'entre nous qui parlera de retourner en Arabie avant d'avoir accompli son serment. »

A la lueur des pâles rayons de la lune, nous descendîmes Ismaïl dans sa couche funèbre; nous déposâmes sur lui quelques branches de palmier, et nous le couvrîmes de terre. Un bloc de granit roulé sur cette fosse indique la place où repose le vaillant émir.

Les voyageurs qui traversent les solitudes de l'Arabie dressent quelquefois des rochers sur leur passage, pour plus tard reconnaître leur route. Des pierres marquent aussi le chemin que j'ai parcouru dans la vie; ces pierres sont des tombeaux!... Voici la première; en avançant nous en trouverons d'autres encore.

Quand l'aube parut, nous nous éloignâmes de toute la vitesse de nos coursiers, maudissant les campagnes de Dorylée, où nous laissions trois mille de nos frères et le tombeau d'Ismaïl.

Nous nous dirigeâmes vers Antioche.

Cette fière capitale est assise sous le beau ciel de la Syrie, entre des monts escarpés et les bords verdoyants de l'Oronte. Elle porte au front, comme un diadème, une citadelle armée de quatorze forts. Elle a pour ceinture une haute muraille défendue par trois cent soixante tours. Sa position inexpugnable, ses magnifiques monuments, ses prodigieuses richesses, son immense population, lui ont mérité le titre de reine de l'Orient[1].

[1] Chronique d'Albert d'Aix, liv. III. — Rohrbacher, *Hist. de l'Église*, liv. LXVI.

Elle était défendue par une nombreuse armée que commandait Accien, l'un des chefs les plus redoutables des musulmans. Il m'accueillit comme son fils, réunit à mes cavaliers cinq mille de ses meilleurs soldats, et me confia la garde de la citadelle.

Godefroy et Bohémond, suivis de trois cent mille guerriers, vinrent planter leurs pavillons et leurs tentes sur les hauteurs d'Antioche et sur les bords de l'Oronte. Pendant sept mois, les croisés nous livrèrent de terribles assauts. Là je pus juger de la valeur des Francs : ils portaient dans les combats l'audace et la furie des démons; mais tous leurs efforts venaient se briser contre les tours et les murailles de granit de la superbe Antioche.

Un soir, Accien vint me trouver dans la citadelle; les éclairs de la victoire brillaient dans ses yeux : « Mon fils, dit-il, je t'annonce une bonne nouvelle : les jours de famine et de combats vont finir; Kerbogha, le sultan de Mossoul, arrive à notre secours avec une armée nombreuse comme les sables du désert. Dans trois jours, nos ennemis seront balayés de cette campagne, comme la poussière chassée par le vent, et l'Oronte, roulant dans ses eaux les cadavres des plus fiers chevaliers, ira porter au loin la nouvelle de la délivrance d'Antioche. »

Infortuné sultan, que ne m'annonciez-vous plutôt la chute de la cité! La trahison fit contre Antioche ce que ne pouvait la vaillance : pour un peu d'or, un renégat arménien nous livra au fer de nos ennemis.

Quand l'heure de la trahison fut venue, nous vîmes, sur le soir, les chrétiens sortir de leur camp. Ils s'éloignent, trompettes sonnantes et bannières déployées: ils semblent aller à la rencontre du prince de Mossoul. Mais bientôt, à la faveur des ténèbres, ils reviennent en silence se ranger sous les murailles de la ville. Le ciel conspire avec eux; une nuit orageuse leur prête ses ombres, et un vent impétueux, auquel se mêlent les éclats de la foudre, dérobe le bruit de leurs mouvements aux sentinelles qui veillent sur les remparts. Ils montent à la hâte, cramponnés à des échelles de cordages. Deux tours se remplissent de leurs guerriers. Ils égorgent dans son sommeil la garnison des forteresses, et ouvrent à leurs frères du dehors les portes de la cité[1].

Antioche dort, pendant que ses rues silencieuses sont sillonnées par les bataillons de Godefroy. Elle ne distingue point, au milieu des roulements du tonnerre et des mugissements de la tempête, le râle de ses soldats qui meurent et les pas des vainqueurs qui la foulent aux pieds. Elle ne s'éveille qu'aux premières lueurs du jour[2], quand ses collines sont ébranlées par le bruit des clairons et les cris de l'armée chrétienne : « Dieu le veut! »

Du haut de la citadelle, je vis la croix planer au sommet des principales tours, les légions ennemies se dessiner en masses noires aux quatre extrémités de la ville, et des flots de soldats se répandre comme des torrents dans les rues. Tout était confusion dans la cité : les clameurs des croisés se mêlaient aux gémissements de leurs victimes, et les joyeuses acclamations des chrétiens se confondaient avec les hurlements des musulmans[3]. La trompette de l'ange qui sonnera le dernier jour ne sera pas plus effrayante que le fut pour Antioche ce terrible réveil.

---

[1] Albert d'Aix, liv. III et IV. — Guillaume de Tyr, liv. V. — Rohrbacher, *Hist. de l'Église*, liv. LXVI.
[2] Le 3 juin 1098.
[3] Albert d'Aix, liv. IV. — Rohrbacher, *Hist. de l'Église*, liv. LXVI.

Je laisse la citadelle sous la garde de trois mille soldats turcs, qui me jurent de ne point la rendre à Godefroy avant la bataille que doit livrer le sultan de Mossoul. J'éveille Accien, endormi au fond de son palais. Le cimeterre au poing, les éperons aux flancs de nos coursiers, nous nous précipitons l'un et l'autre, à la tête de mes intrépides Arabes, au secours des habitants d'Antioche.

Mes cavaliers se battent comme des lions, longtemps ils résistent au choc d'escadrons formés de l'élite de la chevalerie. Nos cimeterres se rougissent de sang, et nos chevaux broient sous leurs pieds des monceaux de cadavres. Mais que peuvent une poignée de braves contre une armée comme celle des Francs!

Mes héroïques soldats sont épuisés de fatigue et décimés par le fer. Accien fait sonner de la trompette pour rallier autour de nous d'autres combattants. Personne n'accourt à ce signal!... Parmi les musulmans, les uns s'enferment dans leurs maisons, et les autres tombent égorgés au seuil de leurs demeures.

Alors Accien, éperdu, ne voit dans tous ses soldats que des lâches ou des traîtres.

« Cessez, me crie-t-il, une lutte par trop inégale : il n'y a autour de nous que lâcheté et trahison.

— Combattons et mourons, lui dis-je, plutôt que de quitter Antioche!

— C'est écrit, Antioche est perdue!

— Eh bien! mourons en vengeant nos frères que l'on égorge.

— Ils sont dignes de mourir, ceux qui n'ont point le cœur de se défendre. »

Le sultan termine ces paroles en brandissant sur ma tête son cimeterre, et en me sommant d'obéir.

La honte au front et la rage dans le cœur, j'ordonne la retraite.

Le malheureux sultan ne devait pas survivre à la prise de sa capitale; le soir même des bûcherons arméniens apportaient sa tête aux vainqueurs d'Antioche[1].

Pour moi et ceux de mes soldats qui avaient échappé à la mort, nous errâmes sur les monts, en contemplant de loin les douleurs de la cité. Le sang coulait dans les rues; les places publiques étaient couvertes de cadavres, et le vent nous apportait toujours les cris de nouvelles victimes. L'approche de Kerbogha rendait l'ennemi sans pitié.

A la vue de cette scène, nous levions les mains et les yeux au ciel, en jurant de venger, avec le prince de Mossoul, tant de sang répandu.

Au milieu de ces désastres, nous vîmes avec joie que le Croissant ne tombait pas du front de la citadelle, et que ses quatorze tours continuaient à porter fièrement l'étendard du Prophète.

Le lendemain au bruit des cymbales de l'armée de Mossoul et à l'aspect de ses légions, qui se déroulaient au soleil comme un immense fleuve de feu, l'espérance revint dans nos âmes. Jamais je ne vis armée plus nombreuse et plus brillante. Elle forma autour de la ville une muraille de fer, et attendit que la famine exterminât les chrétiens.

Parmi ces soldats du Prophète je trouvai un ami; ce fut Sarcoman, l'émir de Jérusalem. Il avait le courage, la noblesse et la vertu d'un chevalier. Sa haute stature, sa force extraordinaire, son visage mâle et son regard d'aigle annonçaient qu'il était né

---

[1] Albert d'Aix, liv. IV. — Les historiens arabes. — Rohrbacher, *Hist. de l'Église,* liv. LXVe.

pour commander. Comme il lui tardait de se mesurer avec les hommes de l'Occident, il était venu les chercher sous les murs d'Antioche. Je l'aimai comme un frère. Je mis sous ses ordres les cinq cents cavaliers qui me restaient. Il me nomma son lieutenant.

Bientôt les croisés éprouvent à leur tour les angoisses d'un siège : la famine les dévore ; la citadelle se dresse menaçante sur leurs têtes, et d'innombrables ennemis les enferment dans un cercle de fer[1].

Dans cette extrémité, les chrétiens s'humilient devant Dieu ; ils crient merci et miséricorde pour le sang inutilement répandu. Jésus leur découvre la vraie lance qui perça son cœur. Ils en font leur drapeau. A la vue de cet étendard, leur courage se ranime ; ils demandent de combattre, et tous, les mains levées vers la sainte lance, jurent de vaincre ou de mourir[2].

Godefroy promet à l'impatiente ardeur de ses soldats la bataille pour le lendemain.

Pendant la nuit les croisés confessent leurs fautes, et du peu de farine qui reste dans la ville les femmes préparent des pains pour le saint sacrifice et la communion.

Avant l'aurore, l'armée chrétienne se réunit sur les places d'Antioche ; les évêques et les prêtres célèbrent les divins mystères. Les cent mille guerriers qui composent cette armée s'agenouillent et reçoivent leur Dieu.

Ils se relèvent de l'autel, forts et terribles comme des lions. Ils sortent de la ville en ordre de bataille. Godefroy et ses soldats se précipitent sur nous avec l'impétuosité du simoun qui accourt du fond du dé-

[1] Albert d'Aix, liv. IV. — Rohrbacher, *Hist. de l'Église*, liv. LXVI.
[2] Le moine Robert et Raymond d'Agiles.

sort : on dirait un ouragan de cavaliers et de fantassins.

Ils nous abordent aux cris de : « Dieu le veut ! » Ils nous accablent sous une nuée de javelots; ils se jettent sur nous avec la lance et l'épée. Dix fois nos phalanges se reforment en ordre de bataille, dix fois elles sont brisées par les attaques furieuses de nos ennemis. La lutte prend des proportions colossales : les rangs des deux armées se confondent; les morts s'entassent sur les morts. La terre tremble au loin sous les pieds des combattants, et une clameur bruyante et sinistre comme le roulement de cent tonnerres plane sur cette effroyable mêlée.

Du haut des remparts d'Antioche, les prêtres chrétiens prient et élèvent les mains vers le ciel, comme autrefois Moïse, quand Josué et Israël luttaient contre les enfants d'Amalec.

Le Seigneur combat contre nous. Un vent de tempête arrête nos javelots, et prête à ceux de nos ennemis la rapidité et la violence de la foudre. Au fort de la lutte, les chrétiens voient au-dessus de leurs légions trois cavaliers, armés de boucliers d'or et d'épées flamboyantes, commander une troupe lumineuse revêtue de blanches armures[1].

Nos escadrons sont détruits; nos colonnes sont affreusement mutilées. Kerbogha abandonne le champ de bataille jonché de cent mille cavaliers et d'innombrables fantassins.

Le triomphe des croisés est complet; en même temps que les campagnes d'Antioche et les rives de l'Oronte se couvrent de débris de l'armée musulmane, les défenseurs de la citadelle se rendent aux barons qui veillent à la garde de la cité.

[1] *Chronique du moine Robert.* — Rohrbacher, *Hist. de l'Église,* liv. LXVI.

Je fus profondément découragé par ce nouveau revers : il ne me restait plus que cent cavaliers, et la plupart étaient blessés!... En voyant les soldats du sultan de Mossoul fuir vers l'Euphrate, je fus tenté de rentrer dans ma patrie. Le souvenir de mon père et de Saral s'était vivement réveillé dans mon âme. Mais le serment fait à Ismaïl m'enchaînait aux combats. Puis la gratitude et la conformité de malheurs m'attachaient à Sarcoman.

Cet émir fut pour nous le héros de cette funeste journée; deux fois il me sauva la vie, et il soutint la retraite avec tant de vaillance, qu'il mérita le titre d'épée et de bouclier des musulmans.

Je suivis l'émir à Jérusalem.

Après de longs jours de marche à travers les plaines de la Syrie, les montagnes du Liban et les vallées de la Palestine, nous vîmes s'élever dans le lointain les cimes bleuâtres des monts sur lesquels dort Jérusalem.

La campagne qui entoure cette noble cité est peuplée de sépulcres; elle est si aride, que le ciel semble lui refuser sa rosée; on n'y rencontre que la gazelle, on n'y entend que l'aigle et le vautour.

Au milieu de cette lugubre solitude, Jérusalem, avec ses hautes murailles, ses jardins plantés de palmiers et de cyprès, a l'aspect d'un cimetière; ses maisons silencieuses, avec leur forme carrée et leur toit en terrasse, ressemblent à des tombeaux.

Malgré ces dehors austères et cette majestueuse tristesse, Jérusalem est si riche en religieux souvenirs, que pour tous, pour le musulman comme pour le juif et le chrétien, c'est la ville tendrement aimée, c'est la cité sainte, c'est la maison de Dieu.

Aussi nous y entrâmes avec la résolution de mourir ensevelis sous ses ruines, plutôt que de la rendre aux croisés.

La paisible Jérusalem devint bientôt une forteresse imprenable; ses remparts furent armés; le palais de Sion et la mosquée d'Omar se transformèrent en citadelles. Des défenseurs lui vinrent de toutes parts; les musulmans, des rives du Jourdain, des frontières de l'Arabie, des vallées de Sichem, accoururent dans ses murailles.

Parmi les soldats venus au secours de Jérusalem, il nous arriva plusieurs jeunes hommes de ma tribu. L'un d'eux m'offrit un magnifique cimeterre, en disant : « Reçois ce glaive que t'envoie ton vieux père; il est fier de ta constance; il te bénit et t'ordonne de continuer la lutte. »

Cet Arabe me remit une tunique neuve et une lettre que m'envoyait Saraï. L'éloignement n'avait fait qu'ajouter à l'amour fraternel de la fille du désert : sa lettre était affectueuse comme son âme.

« Mon frère, m'écrivait-elle, je t'envoie une nouvelle tunique. Celle que tu portes est sans doute usée par les fatigues et déchirée par les combats : reçois celle-ci comme un gage de la tendresse de ta sœur. Je l'ai tissée de mes mains; chacun de ses fils a été mouillé de mes pleurs.

« Depuis ton départ, la tristesse est venue s'asseoir sous notre tente. Quand, pour chasser le chagrin de mon père, j'essaye de chanter, mes larmes coulent silencieusement.

« On dit que la colombe séparée de son frère ne cesse de gémir et de le chercher d'un œil inquiet : s'il vient à mourir, elle meurt aussi. Je suis comme la colombe. Le jour et la nuit mes gémissements appellent mon frère, et mon âme inquiète le cherche partout : sous l'ombre des palmiers, au milieu des solitudes, dans la brume du soir et dans les ténèbres de la nuit. Qu'Allah te garde au milieu des combats : car si tu venais à mourir je mourrais aussi, et alors que deviendrait notre pauvre père !...

« Cesseront-ils enfin, les combats meurtriers !... Quand se lèvera donc le jour où Allah, me rendant mon frère, me dira : « Saraï, tu as assez pleuré, voici « Tebsima ?... »

Vous verrez bientôt comment se réalisèrent les vœux de Saraï.

Quand les chrétiens furent arrivés sous les murs de Jérusalem, ils trouvèrent autour d'eux un affreux désert. Au loin les villages étaient détruits, les puits comblés et les sources empoisonnées.

Une dévorante sécheresse augmenta les maux des croisés. Le ciel devint de feu, la terre entr'ouverte exhalait des flammes, le souffle du midi embrasait l'atmosphère, l'aurore était sans rosée et la nuit sans fraîcheur. De longs jours de ce terrible fléau brûlèrent l'herbe des campagnes et tuèrent les chevaux de l'armée chrétienne. Ces nobles animaux étaient insensibles aux accents de la trompette, leur tête restait tristement penchée sur le sol aride, puis ils s'affaissaient pour ne plus se relever[1].

Les Francs sont indomptables; leur âme est plus fortement trempée que l'acier de leur armure. Ce qui aurait anéanti toute autre armée ne fit qu'aiguillonner le courage de celle-ci. Les croisés allèrent avec des

---

[1] Robert, Albert d'Aix et Guillaume de Tyr. — Rohrbacher, *Hist. de l'Église*, liv. LXVI.

mules et des chameaux chercher aux sources lointaines, et jusqu'aux rives du Jourdain, l'eau qui leur était nécessaire. Sachant que les tribus arabes et le sultan d'Égypte marchaient au secours des assiégés, ils travaillèrent nuit et jour à construire des béliers pour battre les remparts, et des tours roulantes pour aborder les murailles.

Un soir les évêques et les prêtres, couverts d'ornements de soie et d'or, sortirent du camp des chrétiens portant la croix et des flambeaux. Les chevaliers et les hommes d'armes les suivirent : tous ces guerriers, revêtus de leur armure, marchaient pieds nus et la tête découverte. Ce long cortège se dirigea vers le mont des Oliviers et fit le tour de Jérusalem. Cette armée chantait des hymnes et des cantiques; mille bannières aux éclatantes couleurs flottaient sur ses rangs recueillis. Quand les chants sacrés se taisaient, les trompettes sonnaient. Ces religieuses fanfares semblaient prédire à Jérusalem le sort de l'antique Jéricho[1].

Cette procession nous annonçait que les préparatifs du siège étaient finis et que l'assaut de Jérusalem allait commencer.

Pendant la nuit nos ulémas, élevant la voix du haut des minarets, invitèrent les femmes et les enfants à la prière; les imans célébrèrent de solennelles supplications dans les mosquées. Sarcoman et moi nous fîmes une dernière fois l'inspection des remparts, et nous excitâmes nos soldats à soutenir vaillamment l'attaque.

Le lendemain, au cri mille fois répété de « Dieu le veut! » les tours roulantes et les béliers s'approchent

[1] Guibert, p. 534. — Rohrbacher.

des remparts, les échelles se dressent autour des murs, l'assaut de Jérusalem commence. Les murailles se hérissent de défenseurs : les chrétiens sont accablés sous une grêle de pierres et sous des nuées de javelots; au-dessus de leurs têtes, les torches enflammées et le feu grégeois brillent comme les éclairs et tombent comme la foudre.

Cette lutte acharnée dura tout le jour. Sur le soir, les croisés se retirèrent sous leurs tentes, en laissant les fossés de Jérusalem remplis de leurs morts. Les musulmans saluèrent leur retraite du cri de triomphe: « Allah est Allah, et Mahomet est son Prophète!... »

Les chrétiens passèrent cette nuit à pleurer et à prier. Au lever du soleil[1], ils revinrent avec plus de fureur à une nouvelle attaque : ils éprouvèrent la même résistance et les mêmes revers.

Leurs échelles sont brisées, leurs tours sont en feu. Ils rentrent consternés dans le camp. Mais tout à coup ils voient, au sommet du mont des Oliviers, un guerrier céleste qui agite un bouclier d'or et qui leur montre Jérusalem de la pointe de son épée[2].

« Saint Georges est avec nous! s'écrie Godefroy. Le Seigneur nous a livré Jérusalem. Retournons à un dernier assaut. Dieu le veut! Dieu le veut! »

Les croisés reviennent au combat. La tour de Godefroy, poussée avec violence, laisse tomber son pont-levis sur le rempart: Godefroy et ses chevaliers s'élancent dans la ville. Les musulmans concentrent tous leurs efforts autour de ces indomptables guerriers. Mais, pendant cette lutte désespérée, Tancrède, Pierre l'Ermite et leurs soldats brisent à coups de hache la porte Saint-Étienne. Jérusalem est prise!... L'armée

---

[1] Le 15 juillet 1099.
[2] Guillaume de Tyr et Raymond d'Agiles. — Rohrbacher.

chrétienne se précipite dans ses murs avec l'impétuosité et la furie des grandes eaux qui ont emporté leur digue.

Les assiégés jettent un tel cri d'effroi, qu'il remplit Jérusalem, et va, se répétant de vallées en vallées, jusqu'aux rives du Jourdain.

« La cité sainte est prise!... s'écrient-ils. C'est écrit, il faut mourir!... »

Oui, il faut mourir! Le vainqueur, exaspéré par ses pertes, est furieux comme le tigre blessé. Il est insensible aux larmes et aux supplications; il ne fait point de grâce; il veut en finir avec une armée nombreuse comme la sienne, et qui lui est d'autant plus redoutable, que les légions de l'Égypte et de l'Arabie accourent à son secours.

Le courage de Sarcoman grandit avec les dangers.

« Allez, me dit-il, défendre avec vos Arabes la mosquée d'Omar; je me replie avec mes soldats sur la citadelle de Sion. Combattons à outrance, et mourons en braves! Si nous échappons au trépas, nous nous rejoindrons sur la montagne des Oliviers, pour voler ensemble au-devant des armées qui viennent reprendre Jérusalem.

La mosquée d'Omar s'élève sur l'emplacement du temple de Salomon : c'est le plus vaste édifice de la cité sainte. Pour les musulmans, ce temple est sacré comme les mosquées de la Mecque et de Médine. Je le trouvai rempli de femmes, d'enfants et de vieillards qui étaient venus demander à Allah et à son Prophète de les protéger contre les fureurs des soldats de la croix.

Le parvis, qu'il était naguère défendu aux chrétiens de franchir sous peine de mort, devint un champ de bataille. La lutte y fut si acharnée, que le sang s'élevait jusqu'aux genoux des combattants et montait parfois jusqu'aux freins des coursiers[1].

Chassés du parvis, nous nous réfugions dans le temple; mais bientôt les portes d'airain sont forcées. Alors le carnage devient horrible : les femmes, les enfants et les vieillards tombent égorgés avec leurs défenseurs; les chevaux marchent dans une mare de sang; les bassins de marbre qui servaient aux ablutions de l'islamisme se remplissent de morts; l'eau prend une teinte rougeâtre, comme si le sang eût jailli des fontaines de la mosquée. Le massacre ne fut pas plus grand le jour où les Romains entrèrent en vainqueurs dans le temple de Jérusalem.

Les derniers de mes soldats tombaient autour de moi. Je n'avais d'autre défense qu'un rempart de cadavres. J'ordonnai à mon écuyer de sortir du temple et de préparer ma cavale.

Tous mes Arabes étaient morts!... Je ne voulus point donner à mes ennemis la joie de massacrer le dernier musulman de la mosquée; j'ouvris une petite porte de bronze qui était près de moi, et je la refermai en poussant les verrous. Pendant que mes adversaires cherchaient à forcer cette barrière d'airain, je fuyais vers la montagne des Oliviers.

Le carnage occupait tellement les chrétiens dans l'intérieur de la ville, que mon écuyer et moi nous trouvâmes la porte sans garde et le chemin des Oliviers désert.

Nous étions épuisés de fatigue et en proie à une soif dévorante. Nous nous arrêtâmes sur les bords du Cédron, y cherchant un peu d'eau; nous ne trouvâmes dans le lit du torrent qu'une arène brûlante.

---

[1] Chronique de Raymond d'Agiles. — Rohrbacher, *Hist. de l'Église*, liv. LXVI.

Godefroy et ses chevaliers s'élancent dans la ville.

J'errai longtemps sur le mont des Oliviers, attendant l'émir. Je fixais un regard inquiet sur la route et la citadelle de Sion : la route était solitaire, et la citadelle offrait l'image de la désolation et de la mort. En voyant que mon ami ne venait point, je me pris à regretter la vie et à envier le sort des braves tombés à mes côtés.

Enfin, après de longues heures d'attente, je vis apparaître un fantassin sur la route de Sion : sa tunique était en lambeaux et son armure sanglante. C'était Sarcoman, qui, par une voie souterraine, avait échappé seul au massacre des défenseurs de la citadelle de Sion.

Quand je fus près de lui, il se jeta dans mes bras, et s'écria avec l'accent du désespoir :

« Malheur à moi! mon empire est détruit; mes soldats, mes femmes et mes enfants sont égorgés!... Jérusalem est prise et mon peuple a péri!... J'ai vu mourir tous ceux que j'aimais : il n'y a donc que moi qui ne puisse mourir!... Allah l'a voulu ainsi, qu'il maudisse les chrétiens!... »

En exhalant ces plaintes, l'émir s'arrachait les cheveux et se tordait les mains.

J'essayai de le calmer; mais il n'est pas donné à l'homme d'apaiser de pareilles douleurs.

« Pleurez avec moi, me répondait-il, et crions ensemble : « Malheur à Sarcoman!... » Ah! comment se consoler quand on perd en un seul jour sa famille et son armée, Jérusalem et la Palestine!... »

Et de la main il me montrait la ville de Sion et la Judée.

Ce geste ajoutait à sa parole une ineffable amertume. Jérusalem gisait sanglante à nos pieds, et du sommet des Oliviers nos regards embrassaient la Judée, qui s'offrait à nous dans un incomparable éclat. A l'Orient, le Jourdain roulait ses flots d'or, la mer Morte étincelait dans la plaine de Jéricho comme un miroir d'argent, et les montagnes de l'Arabie s'élevaient à l'horizon comme des remparts d'azur; à l'occident s'étendaient la vallée de Sichem et les champs de la Galilée, que fermait le Liban avec ses cèdres, qui semblaient incendiés par les feux du couchant.

« Je ne puis, ajouta l'émir, survivre à la perte de ma capitale et de mon royaume! Je vais retourner à Jérusalem; je me jetterai l'épée nue au milieu des chrétiens, et je tomberai sous leurs coups. »

En achevant ces mots, il essaya de s'arracher de mes bras pour retourner dans la ville de Sion.

Je le retins avec force; je le plaçai sur ma cavale, et je l'entraînai loin de Jérusalem.

En traversant les ruines du hameau de Gethsémani, je remarquai un solitaire agenouillé devant une croix. Cet homme était si saint, que sa vertu le rendait vénérable aux musulmans comme aux chrétiens. Il recevait la visite de tous les pèlerins qui venaient à Jérusalem. Et l'on m'apprit depuis que c'était à sa prière, et dans sa cellule, que l'ermite Pierre avait formé le dessein d'affranchir la Terre-Sainte. Cet anachorète, considérant en nous, non plus les ennemis de son Dieu, — le Christ étant vainqueur, — mais des hommes dans la détresse, nous offrit un refuge dans sa grotte.

Nous n'acceptâmes point cette hospitalité; mais, comme nous étions mourants de soif, je lui demandai à boire. Il nous présenta de l'eau fraîche pour étancher notre soif, des figues et des dattes pour apaiser notre faim.

Quand il nous vit prendre le chemin de l'Arabie, il crut que nous retournions paisiblement dans nos déserts. Aussi, élevant la voix, il dit :

« Que l'Ange du Seigneur vous accompagne! que le Dieu qui vous a préservés du fer de vos ennemis se révèle à vos âmes! qu'il bénisse votre pèlerinage sur la terre et qu'il vous mette sur le chemin du ciel !... »

Dans des circonstances si cruelles, nous fûmes émus de rencontrer tant de charité, et je ne puis dire combien cet acte de l'ermite des Oliviers disposa plus tard mon âme à s'ouvrir aux clartés de l'Évangile.

Après avoir marché une partie de la nuit, nous descendîmes au fond d'un ravin pour y chercher un peu de repos. Pendant plusieurs jours notre vie fut errante et inquiète, comme celle des bêtes sauvages. Nous redoutions la rencontre de l'homme. Au lever du soleil, nous nous cachions dans les rochers, et nous attendions la nuit pour chercher un peu de nourriture et continuer notre course.

Lorsque nous arrivâmes aux extrémités de la Judée, nous vîmes, des hauteurs qui dominent la plaine d'Ascalon, la mer couverte d'une flotte nombreuse qui déposait l'armée égyptienne sur la plage, et le vent venu de la solitude nous apportait un grand bruit de trompettes qui nous annonçait l'approche des troupes de l'Arabie.

A ce spectacle Sarcoman sourit, et l'espoir de rentrer à Jérusalem fit battre son cœur.

Le sultan du Caire nous accueillit comme des frères malheureux. Il consola l'émir, jurant de lui rendre la Palestine. Les Arabes me proclamèrent leur chef. Je partageai cet honneur avec mon ami. Nous choisîmes pour lieutenants Saïd et Sélim, deux intrépides enfants du désert.

Je reçus de Saraï une nouvelle lettre encore plus affectueuse que la première. Ma sœur m'attendait après ce dernier combat.

Notre armée était accablée de fatigue : mes soldats étaient brisés par de longues marches sous un ciel d'airain, dans les sables brûlants, et les Égyptiens avaient souffert d'une pénible traversée. Nous résolûmes de nous reposer un jour dans les champs d'Ascalon avant de nous diriger sur Jérusalem. De nombreux troupeaux qui paissaient dans la plaine, de riches pâturages, nous fournirent, ainsi qu'à nos chevaux, une nourriture abondante.

Nous nous endormîmes en pleine sécurité. Rien n'annonçait l'approche de l'ennemi : nous distinguions seulement au sommet des montagnes quelques paysans qui apparaissaient comme des ombres, et se lamentaient en voyant leurs troupeaux détruits et leurs champs ravagés.

Nous avions tort de dormir. Godefroy était trop prudent pour exposer son armée à la famine, comme à Antioche, et il était trop habile pour ne pas profiter, après la prise de Jérusalem, de l'ivresse guerrière qui animait ses soldats.

L'aube commence à peine à blanchir le ciel[1] : Godefroy et vingt mille chevaliers, la lance au poing, le bouclier sur la poitrine, tombent sur nous de toute la vitesse de leurs coursiers. Ils renversent les tentes, frappent les soldats endormis. Un horrible tumulte règne dans notre camp : les cavaliers cherchent leurs

[1] Le 15 août 1099.

chevaux errants dans la plaine, et les fantassins ont peine à former leurs phalanges.

Enfin, après des pertes énormes, l'armée musulmane parvient à se ranger en bataille. Les soldats du Prophète combattent vaillamment; les croisés trouvent des adversaires dignes d'eux. Godefroy commande l'attaque contre l'armée égyptienne, et Tancrède lutte contre les troupes venues d'Arabie. L'attaque est furieuse, la défense est héroïque.

Longtemps le sultan du Caire résiste au vainqueur de Jérusalem. Mais Godefroy, irrité par cette résistance opiniâtre, saisit d'une main l'étendard de la croix et de l'autre brandit sa redoutable épée; il appelle à lui ses barons, et se jette au milieu des masses égyptiennes. Il fait un horrible carnage : on dirait un lion suivi de ses lionceaux.

Mes Arabes affrontent bravement les coups de Tancrède et de ses chevaliers : ils meurent plutôt que de reculer d'un pas; leurs escadrons restent compacts et serrés comme les épis d'un champ de froment.

Dès le début de la bataille j'eus la douleur de perdre Sarcoman : il fut mortellement blessé au premier choc. Ce fut en vain que je lui proposai de le faire emmener loin du champ de bataille.

« Laissez-moi, dit-il, me battre jusqu'à la mort. Quand on a vu périr sa famille et son armée, quand on a perdu Jérusalem et la Palestine, on ne regrette point de mourir. »

Un instant après il tombait au fort de la mêlée, et était broyé sous les pieds des chevaux et des fantassins.

Nous étions vingt fois plus nombreux que les croisés; mais leurs armes étaient cent fois plus terribles que les nôtres. Un vêtement de fer les mettait à l'abri de nos coups, et leurs longues et larges épées faisaient tomber les lignes de nos soldats comme la faucille abat les épis des sillons, comme la faux tranche l'herbe des prairies.

Parmi ces hommes de fer, j'en remaquai un qui était plus redoutable qu'un démon. Il avait la stature et la force d'un géant, et son glaive brillait et frappait comme la foudre. C'était sire Guillaume, baron de Marigny, dont vous voyez le manoir devant nous.

La mort de Sarcoman, le massacre de mes soldats avaient monté mon courage jusqu'à la fureur. Je me précipite à l'encontre du terrible chevalier; nos coursiers se heurtent front contre front, poitrail contre poitrail. Je frappe avec violence son casque et son armure; du revers de sa lourde épée il fait voler mon cimeterre en éclats. Il lève le bras pour me fendre le crâne; par un mouvement rapide j'évite ce coup, et, franchissant d'un bond la tête de nos chevaux, je m'élance sur lui.

Nous combattons corps à corps. Si son armure le rend invulnérable, la légèreté de mes vêtements me donne la supériorité sur lui. Je l'enlace comme un serpent, je le presse, je le serre, je l'ébranle, je le soulève; enfin nous roulons ensemble sur la terre, au milieu des coursiers et des combattants.

Une lutte sanglante s'engage autour de nous; les hommes d'armes de Marigny secourent leur baron, et mes Arabes veulent sauver leur émir; Saïd et Sélim, mes lieutenants, me défendent avec vigueur.

Trois fois je mets mon adversaire sous mes genoux; mais, au moment où j'essaye de saisir la dague suspendue à mon côté pour lui percer le cœur, il me jette violemment dans la poussière.

Bientôt la lutte devient inégale; l'écuyer du sire de Marigny m'a percé la main d'un coup de lance. Le chevalier est vainqueur; ses genoux pressent ma poitrine, son gantelet de fer s'appesantit sur mon front et le serre comme un étau. Je vais partager le sort des braves qui jonchent la terre. Adieu, Ibrahim et Saraï! Adieu, Arabie! Je vais mourir; je vois étinceler le glaive prêt à se plonger dans mon sein!

Mais le Dieu qui m'avait gardé au milieu de tant de combats, le Dieu qui voulait le salut de mon âme, inclina le cœur du sire de Marigny à la clémence. Guillaume s'émut en voyant ma jeunesse. Il remarqua qu'il manquait quelque chose à son triomphe : une autre main m'avait déjà frappé. Tenant son bras suspendu, il me dit :

« Tu es trop jeune et trop brave pour mourir; rends-toi!... »

La mort me parut plus douce que la captivité et la honte. Je lui répondis :

« Fais-moi mourir, je ne me rends point. »

Je le répète, Dieu voulait le salut de mon âme. Le chevalier me dit encore une fois :

« Rends-toi! ta mort serait inutile : tes soldats sont en fuite; la bataille est terminée. Rends-toi! rends-toi! »

L'espérance de revoir mon Arabie et d'embrasser un jour Saraï et mon vieux père me rattacha à la vie : je tirai ma dague, et je la remis à mon vainqueur.

Quand je me relevai, la lutte, en effet, était finie. Saïd et Sélim étaient blessés et captifs; mes escadrons fuyaient en déroute et gagnaient les montagnes qui ferment l'Arabie. Les colonnes égyptiennes se précipitaient vers la mer : elles se pressaient aux abords des navires, commes des essaims d'abeilles autour de leurs ruches dans un moment d'orage[1].

Godefroy était digne de vaincre. Il s'agenouilla avec son armée sur le champ de bataille, et chanta une hymne d'action de grâces au Dieu qui lui avait donné la victoire. Puis, s'avançant vers les captifs, il dit :

« Votre prophète vous permet de massacrer vos prisonniers; mais Jésus, notre Dieu, nous ordonne de vous traiter comme des frères. Vous êtes des braves, presque tous vous êtes blessés; vous serez traités en braves. »

Ces paroles n'étaient point mensongères. Godefroy et ses barons pansèrent indistinctement nos plaies et celles des chrétiens.

L'écuyer du sire de Marigny lui ayant apporté de l'eau fraîche pour apaiser la soif qui le dévorait, ce noble seigneur me la donna plutôt que de la boire; il mit sa tunique en lambeaux pour couvrir ma main mutilée, et, n'écoutant que sa générosité, il me rendit ma dague et ma cavale.

Pendant que sire Guillaume bandait ma blessure, j'entendis au loin les trompettes arabes qui sonnaient la retraite. Ce fut la dernière fanfare qui retentit dans les grandes luttes contre les chrétiens. Après la journée d'Ascalon, ils étaient irrévocablement maîtres de la Palestine. Au bruit de ces tristes accents, je pouvais dire adieu à mon Arabie, à Ibrahim et à Saraï !

Monté sur ma cavale, je pris le chemin de Jérusalem à la suite des chrétiens. J'étais transporté de fureur; je maudissais le Christ et j'appelais la mort. Pardon, ô mon Dieu, si j'ai blasphémé, ajouta le solitaire en

---

[1] Robert et Raymond d'Agiles. — Rohrbacher, *Hist. de l'Église*, liv. LXVI.

poussant un profond soupir, — je ne connaissais pas la main qui me terrassait dans les champs d'Ascalon : elle était miséricordieuse comme celle qui renversa Saul sur le chemin de Damas. »

Tebsima achevait ces paroles, quand une marche guerrière sonna dans le lointain. Il s'arrêta pour l'écouter.

Des chevaliers et des hommes d'armes apparurent à l'horizon. Ils traversèrent rapidement la vallée. En passant sous le château, leur bannière salua les tours de Marigny. Quand ils eurent disparu, la marche guerrière retentit encore quelque temps, répétée par les échos du vallon.

Tebsima pleura.

« Mon fils, dit frère Albéric, pourquoi pleurez-vous ?

— Ah ! mon père, je reconnais cette fanfare : c'est celle que sonnèrent les chrétiens dans les plaines de Dorylée et d'Ascalon, sur les murs d'Antioche et de Jérusalem. Elle éveille dans mon âme les images sanglantes d'Ismaïl, d'Accien, de Sarcoman et de mes autres compagnons d'armes ! »

Il était tard, le religieux reprit le chemin du monastère.

CHAPITRE III

LA CONVERSION

L'automne continuait à être beau. Quand frère Albéric revint, la température était chaude, et des filandres blanches et soyeuses couraient dans l'air.

Le vigneron vendangeait ses coteaux, et le laboureur ensemençait ses champs.

Tout chantait encore dans la campagne : le vendangeur en cueillant le raisin, le semeur en jetant son grain, la bergeronnette en sautillant sur les sillons fraîchement remués, et l'alouette en s'élevant vers le ciel.

Cette douce atmosphère soulageait la poitrine de Tebsima, la vue des champs reposait son âme, et il aimait à entendre l'air mélancolique que redisait le laboureur en aiguillonnant ses bœufs.

Après l'échange de cordiales paroles, Tebsima dit à frère Albéric : « Le cœur du chrétien est aussi un champ où le divin Semeur répand le bon grain; je vais vous dire aujourd'hui par quelles circonstances merveilleuses il le jeta et le fit germer dans mon âme.

A mon arrivée à Jérusalem, je fus enfermé, avec les autres captifs, dans la citadelle de Sion. Elle était remplie du funèbre souvenir de mes frères d'armes;

le sol et les murailles étaient encore rougis de leur sang. Ce lieu avait été témoin, à la prise de Jérusalem, d'une scène de carnage semblable à celle qui désola la mosquée d'Omar. A la vue de ces traces de mort, je pensai à l'émir Sarcoman, à ses soldats, et je pleurai.

A peine étions-nous dans ce lugubre séjour, que nous vîmes entrer un noble vieillard. Son front était chauve, une barbe plus blanche que la laine de sa tunique tombait sur sa poitrine; il avait le regard doux et le sourire aimable; il portait des sandales à ses pieds, et une longue corde pressait sa robe de bure autour de ses reins. Je reconnus le solitaire des Oliviers. Je me souvins du verre d'eau et de l'hospitalité qu'il m'offrit lorsque je fuyais Jérusalem.

Cet anachorète connaissait la langue, les mœurs et le génie de notre nation. Il avait vécu plusieurs années au sein des tribus du désert. Voici en peu de mots son histoire.

Il s'appelait Éphraïm; il était né à Gethsémani. Son père, étant allé recueillir du baume dans la vallée de Galaad, fut surpris par une troupe de brigands et vendu comme esclave en Arabie. Éphraïm avait alors quinze ans; il parcourut Jérusalem, mendiant de porte en porte la rançon du captif. Ayant réuni quelques pièces d'argent, il suivit une caravane qui allait acheter des parfums au pays de Saba. Il eut la joie de retrouver son père; mais la rançon fut jugée trop faible. Pour délivrer l'esclave, l'héroïque enfant prit sa chaîne et la porta cinq années.

Quand il revint dans sa patrie, les musulmans avaient détruit Gethsémani, et la maison où il était né couvrait de ses ruines les ossements calcinés de son père et de sa mère. La terre n'avait plus de joie pour Éphraïm : il reporta ses pensées vers le ciel. Il se creusa une cellule dans le rocher, et mena la vie érémitique près des ruines et des tombeaux de Gethsémani. Il parvint à une haute sainteté, qui le rendit vénérable même aux musulmans. Le patriarche de Jérusalem l'éleva au sacerdoce.

Le vieillard nous salua affectueusement.

« J'aime, dit-il, les prisonniers; moi-même j'ai été captif sous la tente de vos pères. Je viens pour être votre aide et votre ami. »

Il versa l'huile et le baume sur nos plaies; il dit une parole d'espérance à ceux dont le courage était abattu, pleura avec ceux qui pleuraient, et s'entretint avec nous de notre chère Arabie.

Il mit tous ses soins à nous adoucir la captivité : il lava les taches de sang qui attristaient notre prison, et nous pourvut de toutes les choses nécessaires à la vie. Chaque matin il allait mendier à travers les rues de Jérusalem, et ramenait ma cavale chargée de pain, de fruits et de vêtements.

Je dois l'avouer à notre honte, Éphraïm, dans les premiers jours, eut beaucoup à souffrir de la haine du musulman contre le chrétien. Il faillit même être victime de son dévouement.

Un des captifs ayant demandé à boire, il lui offrit une eau fraîche et limpide dans une coupe d'airain. L'Arabe but, et lança violemment le vase au visage du solitaire. Le vieillard, atteint à la tempe, chancela et fut renversé. Nous le relevâmes. Il essuya son front sanglant, et dit avec calme au prisonnier :

« Merci, mon fils; vous voulez que Dieu me paye au centuple. »

L'acte sauvage du captif souleva parmi nous un long cri d'indignation. Frémissant de colère, je me précipitai sur ce misérable, voulant le percer de ma dague.

L'homme de Dieu détourna ma main et dit : « De grâce, ne frappez point ! Quand votre frère aurait brisé mon corps, j'aurais encore une âme pour lui pardonner et l'aimer. »

Le solitaire, par son invincible charité, finit par dompter les natures les plus farouches. Il était venu comme un ami, bientôt il fut vénéré comme un père.

Quand nos blessures furent cicatrisées, Éphraïm forma nos mains au travail; il nous apprit à tresser l'écorce du palmier, à faire des nattes et des corbeilles. Il vendait ces menus ouvrages, et nous en rapportait le prix grossi par l'aumône. L'abondance vint dans la prison; la gaieté y régna, et les chants se mêlèrent à nos travaux. Cédant aux prières du solitaire, Godefroy rendit notre clôture moins étroite. Il nous permit de nous promener le jour sous de grands cèdres qui ombrageaient une cour voisine, et le soir nous pûmes respirer sur la terrasse de la citadelle de Sion les premières fraîcheurs de la nuit.

Pour ne pas décourager mes compagnons d'infortune, j'affectais des dehors de gaieté, mais je gardais au fond du cœur une plaie qu'Éphraïm ne pouvait guérir. Elle était causée par la perte de ma famille et de mon pays; et la nuit, pendant que les prisonniers dormaient, je laissais librement couler mes larmes en pensant à mon Arabie, à mon vieux père et à Saraï.

Éphraïm, ayant gagné nos cœurs, essaya de conquérir nos âmes au christianisme. Il le fit avec la délicatesse d'un saint et le zèle d'un apôtre. L'Arabe aime passionnément les beaux récits, ils lui font oublier le sommeil; le solitaire, qui racontait merveilleusement, se servit de cet attrait pour nous amener au Dieu de l'Évangile.

La première fois qu'il nous conduisit sur les hauteurs de Sion, nos yeux, accoutumés à l'obscur séjour du cachot, ne se lassaient point d'admirer les feux du crépuscule, les étoiles qui s'allumaient lentement dans les profondeurs du ciel, et Jérusalem qui s'endormait à nos pieds. Éphraïm saisit ce moment pour transporter nos âmes au delà des mondes qui roulaient sur nos têtes et nous élever jusqu'à Dieu. Il nous décrivit l'acte de la création. Il parla avec tant de magnificence, qu'il nous semblait assister à ce majestueux spectacle. En déroulant devant nous le grand livre de l'univers, il nous faisait admirer la tendresse du Seigneur.

« Il a tout fait pour l'homme, nous disait-il : la fleur du matin comme l'étoile du soir, le grain de sable comme le soleil, l'insecte caché sous l'herbe comme l'ange qui plane dans les cieux. — Mon Dieu, ajoutait-il, si vous avez créé la tente du voyage si belle, quelles sont donc les splendeurs de l'éternelle cité ! »

Et il nous disait des choses ravissantes de la Jérusalem céleste.

Nous eussions passé toute la nuit à l'entendre ; mais nos gardiens nous rappelèrent en prison. Le lendemain et les jours suivants, dès que le soleil avait disparu, nous nous pressions autour du solitaire pour l'écouter.

Il nous raconta l'histoire des premiers âges du monde. Il nous fit asseoir sous la tente des patriarches et entendre les accents des prophètes. Il nous conduisit de l'Éden au Sinaï, du Sinaï aux bords du Jourdain ; puis il nous mena sur les hauteurs de Sion et du Carmel. A mesure que les événements passaient devant nous, Éphraïm nous faisait remarquer la main de Dieu préparant la venue du libérateur promis ; il nous montrait les clartés divines poindre à l'horizon, et l'aurore du salut devenir de plus en plus brillante.

Quand il eut préparé nos regards aux lumières du christianisme, il se hasarda à nous lire quelques fragments de l'Évangile. Ces pages nous parurent plus belles que le firmament, et les paroles de Jésus plus pures que les étoiles.

Alors Éphraïm fit resplendir devant nous la rayonnante figure du Christ. Nous vîmes le Soleil de justice se lever sur les collines de Bethléhem, éclairer les campagnes de la Palestine et se coucher sur les hauteurs empourprées du Calvaire, pour reparaître plus glorieux le matin de sa résurrection.

L'âme est naturellement chrétienne : Dieu l'a créée pour la vérité, comme l'œil est fait pour la lumière. Aussi en écoutant les discours du solitaire nous allions de surprise en surprise, de ravissement en ravissement. Nous étions comme des hommes tirés d'une caverne, qui verraient pour la première fois l'aube blanchir l'horizon, l'aurore rougir le ciel, et le soleil s'élancer comme un géant dans l'espace.

O misère profonde du cœur de l'homme! s'écria Tebsima, nous avions trouvé la lumière, et il nous coûtait de la suivre! Lorsque le saint vieillard, achevant ses instructions, nous dit : « Mes enfants, jusqu'ici vous n'avez point aimé Jésus, parce que vous ne le connaissiez point ; mais maintenant qu'il vient de se révéler à vos âmes, lui refuserez-vous votre amour? » nous gardâmes le silence.

« Non! reprit le solitaire avec son accent d'apôtre, j'en atteste le rocher du Calvaire, vous ne refuserez pas votre amour au Dieu qui vous aima de toute éternité, au Sauveur qui mourut pour vous sur la croix ! »

Nous lui répondîmes : « O Éphraïm, garde ta loi : elle est plus sainte que la nôtre, mais nous voulons mourir dans la religion de nos pères. »

Les autres captifs n'écoutaient sans doute, dans leur refus, que les préjugés de la naissance et de l'éducation ; mais moi je repoussais le christianisme comme une barrière qui me fermait la patrie, et comme un abîme creusé entre moi, Ibrahim et Saraï.

O Jésus ! loin de rejeter celui qui était si indigne de vous, vous alliez vous attacher à ses pas comme le bon pasteur poursuivant la brebis fugitive.

Le solitaire, voyant qu'il ne pouvait rien sur nos cœurs, résolut de faire violence au Ciel et d'acheter nos âmes au prix de ses austérités, de ses larmes et de son sang. Sa prière devint continuelle ; elle n'était pas même interrompue par le travail des mains. Il jeûna tous les jours : nous étions attendris en le regardant prendre, après le coucher du soleil, le pain et l'eau qui composaient son unique repas. Souvent il allait passer la nuit dans la grotte du jardin des Oliviers : le matin, quand il revenait, ses yeux étaient rouges de pleurs, et sa tunique tachée de sang attestait avec quelle rigueur il avait flagellé son corps.

La prière des saints est puissante : peu à peu nous sentîmes la grâce incliner nos âmes vers le Dieu de l'Évangile. Éphraïm nous dit un jour : « Enfants, allons ensemble visiter le sépulcre de Jésus-Christ ; là je veux offrir pour vous le sacrifice des chrétiens. »

Entraînés par un sentiment de complaisance et le désir de quitter un instant la prison, nous suivîmes le solitaire dans la basilique. C'est là que nous attendait Jésus!

Éphraïm nous plaça près du sanctuaire; nos re-regards étaient fixés sur l'autel, où il monta célébrer les divins mystères. Ce prêtre, avec sa tunique blanche, son manteau d'or et sa majestueuse figure, ressemblait à un ange de Dieu. Quand fut arrivé le moment le plus saint du sacrifice, il se pencha sur l'autel, prit le pain entre ses mains, et prononça les paroles sacramentelles. Lorsqu'il éleva l'hostie vers le ciel, nous vîmes un petit enfant d'une merveilleuse beauté : son regard et son sourire étaient divins, son visage et son corps rayonnaient d'un éclat que l'œil ne pouvait soutenir.

Jusque-là nous étions demeurés debout. A la vue de ce prodige, nous tombâmes prosternés en criant : « Jésus! vous êtes notre Seigneur et notre Dieu! Nous sommes chrétiens! »

Il y avait devant le prêtre un calice de cristal, dans la coupe duquel il avait versé du vin blanc et quelques gouttes d'eau. Il le prit entre ses mains, et prononça de mystérieuses paroles. A sa voix, un nouveau miracle s'était opéré : le calice était plein d'un sang vif comme une pourpre divine, et couronné d'un nimbe tout céleste.

Il le présenta à nos adorations. En le voyant, nous répétâmes encore avec plus de foi : « Jésus! vous êtes notre Seigneur et notre Dieu! Nous sommes chrétiens! »

A l'instant de la communion, le radieux enfant se voila sous les apparences du pain, et devint ainsi la nourriture de son ministre. Mais le précieux sang demeura sans voile, et le prêtre porta à ses lèvres la coupe rougie du divin breuvage.

Par respect pour le miracle, Éphraïm ne purifia point le calice avec l'eau et le vin, comme c'est la coutume après le sacrifice. Une goutte du précieux sang demeura au fond de la coupe de cristal.

Cette divine relique fut appelée la sainte Larme : Guillaume de Marigny l'obtint du patriarche de Jérusalem, à la condition qu'il resterait encore deux ans en Palestine.

Pour ne point alarmer son épouse, le baron envoya un de ses écuyers lui dire de ne point l'attendre avant ce terme. La châtelaine ne reçut jamais ce message : sans doute celui qui en était porteur fut surpris et massacré par les musulmans.

« Mon fils, interrompit vivement frère Albéric, que vous êtes heureux d'avoir comtemplé Jésus sur cette terre !

— Ce moment fut pour moi un avant-goût du ciel, une bouchée de miel prise en passant dans le désert de cette vie.

— Je vous envie cette journée !

— Celle qui suivit fut plus délicieuse encore.

— Parlez-moi de ses joies. »

A la nouvelle de notre conversion, reprit Tebsima, et du prodige qui l'avait occasionnée, Jérusalem s'émut. Le patriarche voulut nous baptiser lui-même dans les eaux du Jourdain; et Godefroy, rayonnant de joie comme à l'annonce d'une victoire, s'offrit, avec ses principaux barons, pour nous servir de parrains.

Ce prince, qui avait dans les combats la vaillance de Judas Machabée, était le plus doux et le plus pieux des hommes. Je remercie Dieu de me l'avoir donné pour père au jour de mon baptême : je dus cette dis-

Le Jourdain.

tinction à la noblesse de ma naissance et à mon titre d'émir.

Au milieu du jour, nous nous dirigeâmes vers le fleuve de la Judée. La caravane était nombreuse : elle se composait du patriarche et de quelques prêtres, du roi de Jésusalem, de ses hauts barons, des dames les plus nobles de la cité, de l'ermite des Oliviers et des néophytes.

Le chemin de Jérusalem au Jourdain est long et difficile. Pour dissiper l'ennui de la route, on chanta des psaumes et on psalmodia des prières.

A quelque distance de Jérusalem, nous entrâmes dans une terre brûlée, pleine de précipices et hérissée de rochers. Tantôt nous marchions ensevelis dans d'affreux abîmes; tantôt nous apparaissions sur des sommets abrupts, du haut desquels nous apercevions dans le lointain la mer Morte, qui étincelait au soleil comme un immense incendie : on eût dit que le feu de la justice divine dévorait encore Sodome.

Nous parcourûmes ensuite la plaine de Jéricho, la plus fertile de la Judée. Des roses s'épanouissaient sur les haies des chemins, la vigne était en fleur et les blés ondulaient dans une campagne couverte d'oliviers et de palmiers.

Nous nous arrêtâmes à la fontaine de Jéricho, la plus abondante et la plus délicieuse de la Palestine. Le soleil se couchait : nous fîmes là notre repas du soir.

Après quelques heures de repos, comme le ciel était pur et que la lune se levait au firmament, nous continuâmes notre course. Quand nous fûmes arrivés dans la vallée de Galaad, de suaves senteurs nous avertirent que nous traversions la terre qui produit le baume le plus précieux de l'univers.

Au sortir de ce vallon, nous touchâmes à de hautes collines qui ferment le désert de Saint-Jean : là toute végétation disparut, et un silence de mort se fit autour de nous. Après avoir marché le reste de la nuit sur des montagnes privées d'arbres et de mousse, nous arrivâmes enfin à la vallée du Jourdain, au désert de Saint-Jean.

Le soleil se levait sur les montagnes de l'Arabie, et éclairait la vallée. En cet endroit, elle est triste : elle a l'aspect d'une mer desséchée; ses sables sont sillonnés comme des flots. Malgré sa nudité, elle m'apparut douce et belle comme une terre de promission; je pleurai à la vue des saules du Jourdain : la terre que je foulais avait tressailli sous les pieds de Jésus, et il s'était plongé dans le fleuve qui allait servir à mon baptême.

Avec quelle ardeur je répondis à l'évêque qui me demanda ce que j'étais venu chercher sur cette rive ! avec quelle foi je confessai Jésus ! avec quel amour je me donnai à lui pour jamais ! Je ne puis vous dire la joie qui se répandit dans mon âme quand le pontife versa l'eau baptismale sur mon front : je ne croyais pas qu'un bonheur si pur se trouvât sur la terre !

Pendant ce temps, les prêtres, debout sur le bord des eaux, chantaient un cantique que j'ai toujours aimé depuis : c'est le psaume où David célèbre la délivrance d'Israël, le désert et le Jourdain émus à l'aspect du Dieu de Jacob, et la puissance du Seigneur sur les dieux des nations[1].

Après notre baptême, l'évêque nous dit :

« Vous êtes devenus les enfants du Père céleste, les frères de Jésus-Christ, les temples de l'Esprit-

---

[1] Le psaume *In exitu Israel.*

Saint. Autrefois, dans ce lieu, le ciel s'entr'ouvrit, et l'Esprit de Dieu se reposa sur la tête de Jésus. Le Seigneur va renouveler pour vous le même prodige: l'Esprit-Saint va descendre en vous avec la plénitude de ses dons. »

Les nouveaux baptisés se prosternèrent; les assistants s'agenouillèrent autour d'eux, et le pontife entonna une hymne qui remua toutes les fibres du cœur[1]. Le patriarche se leva, étendit les mains, et appela, par de ferventes supplications, l'Esprit de Dieu dans nos âmes; puis il mit sa mitre d'or, fit sur nos fronts une onction sainte, et nous frappa légèrement le visage.

Dans ce jour, le Seigneur fut envers nous prodige de ses dons.

« Mes bien-aimés, nous dit encore le pontife, vous êtes les enfants de Dieu : un père partage sa table avec ses fils. Hier, vos yeux ont contemplé le pain eucharistique; vous allez vous en nourrir aujourd'hui. »
Il y avait sous les saules du rivage un bloc de rocher entraîné par le débordement des eaux : on enlaça au-dessus de lui des branches d'arbres, on le couvrit d'une nappe blanche, et il servit d'autel pour le sacrifice. Cet autel champêtre, l'éclat du ciel de l'Orient, l'immensité du désert, la voix majestueuse du Jourdain faisaient de ce lieu un temple plein de simplicité et de grandeur.

Qu'il me parut saint lorsque le Seigneur y fut descendu ! Je n'oublierai jamais l'émotion que me causa la vue du Dieu de l'Eucharistie venu pour moi sur ce rocher. Ma première communion me sembla un moment du ciel. Après le saint sacrifice, un calme

---

[1] *Le Veni, Creator.*

profond se fit autour de nous : on nous laissa savourer en paix les délices dont Jésus inonde l'âme qu'il visite pour la première fois.

Vous le savez, ce moment est unique dans la vie. Le souvenir d'Ibrahim et de Saraï vint le troubler pour moi; tandis que je reposais sur le cœur de mon Dieu, et que je possédais Celui qui est la voie, la vérité et la vie, je me rappelai que ma sœur et mon vieux père étaient plongés dans les ténèbres de l'islamisme ! A cette pensée, je pleurai aux pieds de Jésus, en lui demandant le salut de ces enfants du désert. Je crus entendre une voix qui disait : « Mon fils, ne pleure point; espère, je suis le Sauveur des âmes ! »

Le christianisme, qui enrichit le cœur de l'homme des bienfaits du Ciel, sait magnifiquement les chanter. L'évêque, debout devant l'autel, entonna le *Te Deum,* qui fut continué par les voix graves des prêtres et des chevaliers. Les flots du Jourdain, les échos de la rive et des montagnes ajoutaient aux mâles beautés de ce cantique : aussi ces religieux accents émurent profondément nos âmes.

Le patriarche, s'adressant aux chevaliers, leur dit en étendant la main vers nous :

« Vous ne devrez plus regarder ces hommes comme des étrangers et les traiter comme des captifs; maintenant ils sont devenus, par le baptême et la communion, vos amis et vos frères. — Pour vous, mes bien-aimés, ajouta-t-il en se tournant vers les nouveaux chrétiens, approchez de l'autel, recevez de votre père en Jésus-Christ le baiser de paix, et allez le porter à vos frères aînés dans la foi. »

Le pontife nous embrassa, et nous allâmes rendre ce baiser aux prêtres, à Godefroy et à ses chevaliers.

Le roi de Sion, qui connaissait le prix d'une âme, me pressa sur sa poitrine, et dit : « Mon fils, en embrassant en vous un nouvel enfant de Dieu, je suis heureux comme le jour où j'entrai vainqueur à Jérusalem, et celui où, dans les champs d'Ascalon, je devins maître de la Palestine. »

Quand je fus arrivé près de sire Guillaume, je sentis, à l'étreinte de sa main et à la cordialité de son baiser, qu'il m'aimait comme un frère. Dès lors mon âme demeura intimement unie à la sienne.

Une autre preuve de fraternité chrétienne nous fut donnée : nous nous assîmes sur la rive, et nous mangeâmes avec le roi, le patriarche, les prêtres, les barons et les nobles dames nos marraines. Godefroy me plaça à sa droite et ne cessa de me combler de marques de tendresse.

Nous revînmes à Jérusalem. Éphraïm nous quitta près des ruines de Gethsémani. « Enfants du désert, nous dit-il, adieu ! Ma mission est finie, je retourne dans la solitude. Je demeure votre père : souvenez-vous que ma cellule et mon cœur vous seront toujours ouverts. »

Une vie nouvelle allait commencer pour les captifs arabes.

Tebsima fut interrompu par une femme éplorée comme la Sunamite demandant à Élisée la résurrection de son fils; elle pria frère Albéric d'accourir près de son enfant, qui se mourait dans une métairie voisine.

CHAPITRE IV

MORT DE GODEFROY ET DÉPART D'ORIENT

L'enfant était allé, le matin, paître les troupeaux dans la campagne. Il erra, pieds nus, au bord d'un bois, cueillant les fruits du sorbier et de l'alisier. Il jeta tout à coup un cri perçant : une vipère, cachée sous la mousse, venait de le mordre au talon.

Son père, qui labourait près de là, accourut et l'emporta dans sa chaumière.

Quand vint frère Albéric, le petit pâtre se tordait, en proie aux plus vives douleurs. Il semblait n'avoir plus que quelques heures de vie, tant sa fièvre était ardente, tant sa plaie était livide, tant ses vomissements étaient violents et continus.

Le religieux se mit à genoux, colla ses lèvres sur le pied de l'enfant, et suça le venin à longs traits. Il offrit au malade un vivifiant breuvage, lava sa plaie avec une eau aromatique, et la cautérisa avec le fer rouge.

Les vomissements cessèrent, la fièvre tomba, et le petit pâtre s'endormit.

Alors Albéric, laissant la mère consolée et le père rassuré, revint près du solitaire, qui continua son récit.

Après notre baptême, dit Tebsima, mes frères d'armes et moi nous fûmes remis aux barons qui nous avaient faits prisonniers : ils nous traitèrent en amis.

Je vécus dans le palais de Godefroy avec le sire de Marigny, connétable de ce prince. Le roi de Jérusalem me témoigna la tendresse d'un père : il m'aimait comme on aime un fils engendré dans la vieillesse. Il se servit de moi comme interprète des musulmans.

« Puisque vous avez vécu dans l'intimité de Godefroy, dit frère Albéric, parlez-moi de cet homme, qui fut l'âme de la croisade. Mérite-t-il son grand renom ? ses vertus répondaient-elles à sa vaillance ?

— Autant j'avais redouté Godefroy sur les champs de bataille, reprit le solitaire, autant je l'admirai et je l'aimai quand je le connus. Ce roi chevalier réunissait en lui les vertus des grands princes d'Israël : il avait la piété et la vaillance de David, la sagesse et la justice de Salomon; il dota de lois admirables le pays conquis par son épée. La douceur et l'humilité donnaient à son grand et beau caractère je ne sais quoi d'aimable et d'achevé que l'on trouve seulement dans les natures chrétiennes. Il ne voulut jamais accepter la couronne et le titre de roi de Jérusalem. « Je ne puis, disait-il, porter un diadème où mon Dieu fut couronné d'épines. Jésus est le véritable roi de Sion : pour moi, je ne suis et ne veux être que le défenseur du Saint-Sépulcre. »

Cet homme, qui faisait trembler l'Asie, avait la simplicité des patriarches : il était vêtu de laine grossière, et sa table était frugale. Vous ne sauriez croire combien cette simplicité s'alliant à la force, à la puissance et au génie, frappait les Orientaux !

Un jour, plusieurs émirs, voisins de Jérusalem, vinrent implorer l'amitié de Godefroy. Il les reçut sans garde d'honneur, et assis sur la terre. Les émirs s'étonnèrent de voir un si grand prince assis sur le sol.

« Cette terre, répondit-il, d'où nous sommes sortis et qui doit être notre demeure après la mort, ne peut-elle pas nous servir de siège pendant la vie[1]? »

Et comme ces Arabes paraissaient surpris de l'austérité de la table royale, il ajouta : « J'ai choisi la frugalité pour compagne de ma vie; je l'aime, car elle a gardé jusqu'à ce jour la vigueur de mon bras. »

Un des chefs musulmans éleva quelques doutes sur la force de ce nouveau Samson. Pour toute réponse, Godefroy tira sa lourde épée et abattit d'un seul coup la tête de l'un des chameaux de cet émir. L'Arabe prétendit qu'il y avait une puissance magique dans l'épée du roi de Jérusalem.

« Cette puissance est la force de mon bras, » reprit le prince en saisissant le cimeterre de l'émir et en faisant rouler à ses pieds la tête d'un second chameau[2].

Godefroy se montra envers son hôte aussi libéral qu'il était fort : il lui donna quatre magnifiques dromadaires.

Les chefs musulmans s'en retournèrent ravis de sa sagesse, de sa force et de sa simplicité, déclarant partout que le sultan des chrétiens était plus grand que sa renommée, et que nul n'était plus digne de commander aux nations.

La royauté était pour Godefroy un saint et noble labeur : il était tout occupé d'assurer la sécurité des provinces conquises, d'étendre les limites de l'empire, et de faire le bonheur de son peuple.

[1] Guillaume de Tyr, liv. IX.
[2] Id., ibid. — Rohrbacher, Hist. de l'Église, liv. LXVI.

Quand il avait pourvu aux affaires de l'État, nous allions nous asseoir sous un palmier, et il rendait la justice. Il écoutait avec calme les plaintes et les griefs de chacun, et prononçait des arrêts pleins d'équité et de sagesse.

Lorsque toutes les causes étaient entendues avant la nuit, nous sortions visiter quelques sanctuaires : tantôt nous allions à la montagne des Oliviers, tantôt nous dirigions nos pas vers le Calvaire. Il priait comme un ange.

Quand le travail nous retenait jusqu'aux ténèbres, nous montions sur la terrasse du palais pour respirer un peu la fraîcheur de la nuit. Godefroy aimait, comme David, la musique et les chants sacrés; alors il redisait les cantiques de Sion. Ma sœur m'ayant appris à pincer de la guitare, je l'accompagnais de cet instrument.

Mon père, qu'il était doux de vivre avec ce saint roi, dans cette terre de Judée, devenue par mon baptême une autre patrie ! Qu'il était doux de servir Jésus à Jérusalem, et de contempler dans le lointain les montagnes de mon Arabie ! Ce bonheur fut court : quelque temps après mon baptême, Godefroy tombait gravement malade.

Il était allé à une expédition au delà du Jourdain; on le rapporta mourant à Jérusalem. Cet état se prolongea pendant plusieurs jours. Malgré ses souffrances, ce prince recevait ceux qui avaient à lui parler des affaires de la Terre-Sainte, et de son lit de mort il dirigeait la lutte contre les Sarrasins. A sa dernière heure on vint lui annoncer la reddition de Caïphas. Vous le voyez, il mourut en roi, la couronne sur la tête et l'épée à la main.

En s'occupant des intérêts de la Palestine, il ne

négligeait point ceux de son âme. Il fit au patriarche la confession générale de ses péchés; et, couché sur la cendre et le cilice, il reçut les derniers sacrements avec une piété qui toucha vivement Jérusalem.

Ce preux, dont la vie avait été si vaillante et si pure, tremblait au seuil de l'éternité; il n'avait de confiance que dans la miséricorde de Dieu et les mérites de Jésus-Christ. Autant je l'avais vu fier et terrible en abordant les murs de Jérusalem, autant je le vis humble et suppliant aux portes de la céleste Sion. Il se fit apporter la vraie croix, et mourut en la pressant sur son cœur : cette croix, qui avait été l'amour de sa vie, fut l'arme de son dernier combat.

Godefroy fut bon pour moi jusque dans la mort. Comme j'approchais un breuvage de ses lèvres, il vit couler mes larmes.

« Ne pleure point, me dit-il avec un accent que je ne puis rendre, nous nous retrouverons au ciel. »

Apercevant le sire de Marigny agenouillé près de sa couche, il prit nos mains, et, les pressant dans les siennes, qui commençaient à se glacer, il ajouta : « Aimez-vous l'un l'autre comme des frères; que vos âmes soient étroitement unies comme le furent celles de Jonathas et de David. Sire Guillaume, bon et loyal serviteur, je vous recommande Tebsima, mon cher fils en Jésus-Christ. »

Il tomba dans une sorte d'agonie : ses yeux ne voyaient plus, ses mains livides étaient pieusement jointes sur la croix, et l'on remarquait, au mouvement de ses lèvres, qu'il priait. Comme tout espoir de le conserver était perdu, nous laissâmes éclater notre douleur; nous mêlions ses louanges à nos regrets. Son humilité s'effraya; il sortit de son sommeil de mort et nous fit signe de la main, en jetant un regard vers le ciel. Je vois encore ce signe, tant il était expressif; il nous disait : Silence !... Demandez plutôt grâce pour le dernier des pécheurs.

Godefroy, réunissant ses forces, offrit son âme à Dieu. « Seigneur Jésus, murmura-t-il, je remets mon âme entre vos mains !... Faites-lui miséricorde !... »

Puis il baissa la tête et expira[1].

Quand il eut rendu le dernier soupir, les cloches sonnèrent : ce fut le signal d'un immense gémissement qui remplit le palais, la ville de Sion et le royaume de Jérusalem.

Les funérailles de Godefroy se firent avec une pompe royale; chacun l'honora comme son prince et le pleura comme son père. Par un privilège dont il était digne, et qui n'a été accordé qu'à lui, il a été enseveli dans la basilique du Saint-Sépulcre. Il repose un peu au-dessous de la cime du Calvaire, où il attend la résurrection glorieuse avec les anciens preux d'Israël : Josué et Gédéon, David et Judas Machabée[2].

Adieu, Godefroy ! adieu, noble seigneur ! votre trépas fut un des malheurs de ma vie. Puis il fut suivi d'une si rude épreuve !...

En achevant ces mots, l'exilé essuya une larme

« Quelle fut cette épreuve ? dit frère Albéric.

— Le sire de Marigny, répondit Tebsima, ayant cessé d'être connétable, je quittai le palais et je me fixai dans sa demeure. Mes frères et moi nous demeurions ordinairement seuls dans cette maison : Guillaume et ses hommes d'armes allaient au loin défendre

---

[1] Godefroy mourut le 18 juillet 1100.
[2] Guillaume de Tyr, liv. IX. — Rohrbacher, *Hist. de l'Église*, liv. LXVI.

les confins du royaume, ou protéger les pèlerins sur les routes de la Palestine. Le baron ayant atteint le terme fixé pour obtenir la sainte Larme, il me fallut dire adieu à mes frères, qui retournaient en Arabie, et prendre seul le chemin de l'exil.

— Pourquoi, demanda frère Albéric, le chevalier vous a-t-il soumis à une épreuve dont il fit grâce à vos compagnons? Il me semble avoir été dur envers vous.

— Mon père, n'accusez point le sire de Marigny de ma venue dans un climat qui me fait mourir. Avant de quitter la Terre-Sainte, le baron dit aux captifs : « Les jours de mon pèlerinage sont finis. Le Seigneur a regardé son peuple; maintenant il peut le prier en paix. Je vais retourner dans ma patrie; pour vous, mes amis, vous êtes libres. Si je vous ai retenus après votre baptême, c'était pour vous laisser affermir dans la foi. Allez maintenant sous la tente de vos pères, et qu'il y ait au désert au moins quelques voix qui louent Jésus-Christ. »

Tous s'écrièrent : « Non! non! nous te suivrons au milieu de ton peuple, qui sans doute est bon et généreux comme toi. »

Il insista, disant : « Mes frères, retournez dans votre pays. La France est belle, mais vous n'y trouveriez point vos oasis et vos déserts; son ciel est pur, mais ce n'est pas le ciel constamment bleu de l'Asie; son air est doux, mais il n'est point embaumé par la myrrhe et l'encens; son soleil est radieux, mais ce n'est plus l'astre brûlant de votre Arabie. Je vous le dis encore, retournez dans votre pays; car sur nos montagnes, au sein de nos vieilles forêts, les douleurs de l'exil vous feraient peut-être mourir. »

Alors tous se mirent à pleurer : il leur fallait quitter Guillaume, sous l'empire duquel ils avaient trouvé la foi, et dont la demeure était si hospitalière, et aller vivre au sein d'une nation fanatique et infidèle. Après avoir reçu un pain blanc, une outre d'eau et cinq deniers d'argent, ils embrassèrent le sire de Marigny et prirent la route de l'Arabie.

Que cet instant fut cruel pour moi!... il brisait des liens d'autant plus forts qu'ils avaient été formés dans le malheur. Parmi les captifs se trouvaient Saïd et Sélim, mes lieutenants à la journée d'Ascalon. Ils avaient été pris et blessés en me défendant. Nous étions devenus frères depuis que notre sang s'était mêlé sur le champ de bataille; puis nous avions partagé ensemble les tristesses de la prison et les joies du baptême. J'aimais Saïd parce qu'il était, comme moi, du pays de Saba. Je le chargeai de saluer à son retour Ibrahim et Saraï et de leur porter une lettre où j'annonçais ma conversion au christianisme. Je chérissais Sélim à cause de la tendresse de son cœur et de l'énergie de sa foi. Il pressentait les dangers qui l'attendaient loin de Jérusalem; mais rien ne put l'arrêter: il partit. Il avait, comme moi, une sœur au désert, et il voulait à tout prix lui procurer le bonheur d'être chrétienne. Ces deux amis cherchèrent à m'entraîner en Arabie; mais je persistai à suivre le baron de Marigny.

« Tebsima, me dit-il, retourne avec tes frères dans ta patrie; tu seras le bâton de vieillesse de ton père, et tu pourras convertir ta sœur.—Ah! lui répondis-je, ne me contristez pas davantage; laissez-moi: j'irai où vous irez, je m'arrêterai où vous dresserez votre tente; votre peuple sera mon peuple, votre famille sera ma famille, comme votre Dieu est déjà devenu mon Dieu. Je vous demande seulement une grâce: c'est d'emmener ma cavale et d'emporter comme un souvenir, et peut-être plus tard comme une consolation, la guitare que me donna Godefroy. »

Guillaume n'insista plus ; je le suivis en France. Si vous saviez combien il m'en coûta de quitter l'Orient !... Je vois encore les voiles de notre navire s'étendre comme des ailes, et nous emporter loin de la Judée. Les passagers chantaient en voyant fuir le rivage : ils retournaient dans leur pays. Mais moi, adossé au grand mât, je voyais avec tristesse la terre s'éloigner ; et quand les monts de l'Arabie et de la Palestine eurent disparu, je les cherchais encore à l'horizon, parmi l'écume et les nuages. Alors je leur adressai un long adieu ; et, me cachant la tête dans mon manteau, je pleurai comme l'enfant qui a perdu sa mère.

— Mon fils, dit frère Albéric, je ne puis m'expliquer les deux sentiments qui luttaient dans votre âme : l'un vous repoussait de l'Arabie, et l'autre vous y retenait enchaîné.

— Je renonçais à mon pays, répondit Tebsima, parce que je ne pouvais le revoir sans exposer ma foi : jamais le fanatisme musulman n'eût permis à un petit-fils de Mahomet de rester chrétien. Les autres captifs, étant d'origine obscure, pouvaient espérer d'avoir moins d'obstacles pour servir Jésus-Christ. Puis je pleurais en quittant l'Arabie, car j'y laissais un père âgé et infirme, et la meilleure des sœurs, Saraï !... Saraï !... Je savais bien que l'exil me ferait mourir ; mais je devais le préférer à la perte de mon âme ! »

Frère Albéric, transporté d'admiration pour l'héroïsme de cette foi, pressa le solitaire dans ses bras et dit : « Mon fils, votre départ d'Orient, que je ne m'expliquais point, m'apparaît sublime comme l'acte des premiers disciples de Jésus, laissant tout pour suivre le divin Maître.

— Ne comparez pas ma conduite à celle de ces hommes : eux se donnèrent sans hésiter à Jésus, tandis que moi je luttai jusqu'au dernier moment. Le soir qui précéda le départ, pendant que les pèlerins faisaient leurs préparatifs, j'allai visiter le solitaire de Gethsémani. Il me conduisit au jardin des Oliviers. Là, prosterné dans la grotte de l'Agonie, je fus en proie à de profondes angoisses : j'hésitais, je pleurais, je priais. Éphraïm était comme un ange à mes côtés, me soutenant et m'encourageant. La grâce divine l'emporta dans mon âme : je résolus de suivre le sire de Marigny plutôt que de retourner en Arabie.

Je montai ensuite au Calvaire dire un dernier adieu au sépulcre de mon Sauveur et au tombeau de Godefroy. La tentation recommença. Il était si tard lorsque j'arrivai à la porte de la basilique, qu'elle était fermée. Je m'assis au seuil de ce sanctuaire. C'était par une de ces belles nuits si communes en Orient; les bruits de la ville mouraient à mes pieds; je veillais seul sur le mont sacré, comme le hibou solitaire; j'avais devant moi le chemin que prirent mes frères partant pour l'Arabie, et il me semblait entrevoir, dans les brumes de l'horizon, les sommets vaporeux des montagnes de mon pays. De ce côté, le ciel était parfaitement pur. Mon imagination me transporta au sein de ma patrie : je respirais son air embaumé, je voyais ses oasis et ses sables, j'entendais le murmure de ses palmiers et le hennissement de ses chevaux et de ses cavales; les douces figures d'Ibrahim et de Sarat complétaient le charme de cette terre de mes rêves.

De là sortaient mille voix qui me criaient : « Viens, il fait bon ici!... » Entre toutes, celle de mon père avait un accent particulier de tendresse. « Tebsima, semblait-il me dire, cher et unique fils, viens à moi, puisque tu es libre! J'attends ton retour depuis si longtemps! Viens réjouir Saraï! viens embrasser ton vieux père!... Je t'en conjure, ne méprise point mes prières et mes pleurs, ne laisse point ma vieillesse descendre inconsolée dans la tombe!... » Les supplications de ma sœur me paraissaient encore plus pressantes. « Voudrais-tu, semblait-elle dire, me quitter pour jamais, moi qui t'aime plus que mes yeux, moi qui n'ai vécu que pour toi?... Tebsima, auras-tu la cruauté de faire mourir de chagrin notre vieux père, et de condamner le reste de mes jours aux larmes?...»

Je portai mes regards à l'Occident : de ce côté, le ciel était chargé de nuages. Ce ciel semblait me présager des malheurs.

A ce moment la tentation fut si violente, que je m'écriai : « Il faut dire à Guillaume que je ne pars point! Je veux retourner en Arabie!... Je reverrai mon vieux père, j'embrasserai Saraï, et Dieu m'aidera!... »

J'appuyai mon front sur le rocher, et mes yeux se fixèrent sur ce sol que Jésus avait arrosé de son sang. Je réfléchis sur les obstacles qui s'opposaient à mon salut dans une terre infidèle, et je méditai sur le prix de mon âme, sur le ciel et l'éternité. A cet instant j'éprouvai une sorte d'agonie, et je dis avec amertume : « Mon Dieu! mon Dieu! pourquoi m'avez-vous condamné à une pareille épreuve? » Je tombai à genoux, je priai et je pleurai. Enfin je me relevai; mon sacrifice était consommé : j'avais dit adieu à mon Arabie, à Ibrahim et à Saraï!

— Mon fils, s'écria frère Albéric en montrant le ciel, votre renoncement aura sa récompense : le Seigneur ne se laisse jamais vaincre en générosité. En retour de votre patrie, il vous donnera une terre plus riche de lumière et de parfums; et, comme il est tout-puissant, il peut vous rendre pour l'éternité ce père et cette sœur que vous avez quittés pour lui.

— Merci, mon père, dit Tebsima en embrassant le religieux, merci de cette parole d'espérance! Le salut de ces âmes, voilà, depuis que je suis chrétien, mon unique pensée, le but constant de mes efforts et de mes prières. J'avais demandé cette grâce au jour de mon baptême; sur le Calvaire, je la demandai encore pour prix de mon sacrifice. « Mon Dieu, dis-je avec larmes à Jésus, je comprends que je ne puis revoir sans danger pour mon âme Ibrahim et Saraï : je les quitte pour l'amour de vous! Mais, si j'en suis séparé sur la terre, faites que je les retrouve au ciel. Je les remets entre vos mains; sauvez-les, vous êtes tout-puissant! »

Pendant cet entretien, le soleil s'était couché derrière la montagne.

« Mon père, dit Tebsima, la nuit approche, et j'ai encore beaucoup à vous dire; adieu! Revenez bientôt, et je vous parlerai de la terre d'exil, d'Ibrahim et de Saraï. »

Frère Albéric s'éloigna en grande hâte, la cloche du monastère allait sonner l'office du soir.

CHAPITRE V

L'EXIL

Le lendemain, dans la soirée, le religieux étant allé visiter l'enfant malade, le trouva hors de danger.

A son retour, il s'arrêta à l'ermitage. Le solitaire était assis sous un portique de roche, au seuil de la grotte qui lui servait de demeure. Il contemplait le spectacle animé qu'offrait la campagne avant de retomber dans le calme de la nuit.

La soirée était magnifique : l'air était tiède; le soleil couchant répandait une teinte pourpre et or sur la voûte des cieux, sur le feuillage des bois et l'herbe des prairies.

Le vigneron descendait des coteaux, et le laboureur revenait des champs. Des troupeaux de chèvres et de brebis se précipitaient en bêlant sur le versant des collines. Les taureaux et les génisses, quittant les prés, regagnaient lentement l'étable; le chien gourmandait les plus attardés. Les chants du pâtre et du berger, mêlés aux tintements des clochettes, formaient un champêtre concert.

Au fond de la vallée, dans le village de Saint-Victor, les enfants jouaient sous des massifs de noyers et de tilleuls; des rires de jeunes filles éclataient aux abords de la fontaine, et des spirales de fumée s'élevaient du toit des chaumières.

Frère Albéric et Tebsima demeurèrent quelque temps

Le château de Marigny.

dans une muette admiration en présence de ce tableau, où les riches teintes d'automne et les suaves harmonies de la vie des champs étaient illuminées par les derniers feux du ciel.

« Le calme du soir, dit le religieux au solitaire, se prête merveilleusement aux souvenirs et aux récits : veuillez, mon fils, continuer l'histoire de l'exilé du désert.

— Voyez-vous ce château dont les tours se dessinent sur le champ bleu du ciel? reprit Tebsima en montrant le castel de Marigny. Il y a quelques années on apercevait, immobile au sommet de son donjon, une jeune femme indiciblement triste. Sa longue robe noire, ses yeux rougis de pleurs annonçaient combien son âme était en deuil. Cette femme était Mathilde, la châtelaine. Chaque jour elle venait s'asseoir là, et, pendant de longues heures, les yeux fixés sur l'horizon, elle attendait Guillaume, son époux, qui était allé à la croisade. Depuis plus de deux ans les autres barons étaient de retour; lui seul était resté en Palestine.

La tristesse de Mathilde était devenue sombre. Des songes sinistres avaient troublé son sommeil; ils lui avaient montré Guillaume expirant dans les combats. Croyant qu'il n'était plus, elle était inconsolable.

« Comment, ô mon bien-aimé! disait-elle, vivre sans toi et sans l'espérance de te revoir! Pourquoi ne m'as-tu pas permis de t'accompagner au delà des mers? A tes côtés j'aurais su braver la tempête, supporter les fatigues et affronter le fer des batailles. Guillaume, il m'eût été moins amer de mourir avec toi que de vivre sans toi!

« Seigneur, ajoutait-elle, donnez-lui votre saint paradis, car c'est un martyr; pour vous plaire, il a quitté tout ce qu'il aimait, et il a versé son sang!

« Va, cher époux, reposer dans le sein de Dieu! Va habiter une Jérusalem plus sainte et plus belle que celle qui te vit mourir! Va prier pour ta veuve et ton orpheline! A toi le ciel et ses joies; à nous la terre et ses tristesses! »

Les trouvères et les ménestrels n'étaient plus admis au château. Quand ils se présentaient à la porte du manoir, l'intendant leur disait :

« On ne chante plus ici : le baron s'est éloigné pour ne plus revenir; sa veuve et ses gens sont en larmes. Allez porter à des foyers plus heureux vos gais refrains et vos joyeuses ballades. »

Mathilde, enfermée au fond d'une tourelle, mouillait de larmes la brillante écharpe brodée pour Guillaume. Vainement son lévrier, tournant autour d'elle, lui léchait les mains, elle était insensible à ses caresses. Quelquefois, pour calmer sa douleur, la châtelaine prenait sa fille, la petite Marie, sur ses genoux; mais bientôt elle se mettait à pleurer sur elle.

La première fois que l'enfant vit couler les larmes de sa mère, elle dit :

« Pourquoi pleurez-vous?

— Prie, lui répondit-elle, ton père est mort.

— Qu'est-ce donc que mourir?

— Marie, fais ta prière à la Vierge; nous ne reverrons plus ici-bas celui qui t'aimait tant. »

A ces mots l'innocente enfant se jeta au cou de sa mère et fondit en larmes.

Et depuis, quand elle voyait pleurer Mathilde, elle ne la questionnait plus, mais, s'asseyant près d'elle, elle pleurait aussi.

Un jour que la châtelaine était en proie à ce noir chagrin, elle entend un bruit de trompettes retentir au loin dans le vallon. Elle vole au sommet de la tour la plus élevée, et là elle fixe un regard inquiet sur un nuage de poussière qui monte à l'horizon. « Mon

Dieu! se dit-elle, est-ce Guillaume? » Et son front s'assombrit et s'illumine tour à tour des impressions de la crainte et de l'espérance.

Elle distingue enfin, dans l'épaisseur du nuage, une troupe d'hommes d'armes à la tête desquels flotte une bannière glorieusement déchirée et étincellent une brillante armure et un casque surmonté d'une aigrette blanche. « Cette fois, c'est lui, s'écrie-t-elle; c'est bien lui! » Des larmes de joie remplissent ses yeux, et un sourire pur comme un rayon de soleil erre sur ses lèvres.

Les serviteurs du manoir répondent par les fanfares du cor aux accents de la trompette. Les cloches sonnent dans les tours des chapelles et des églises. Les habitants de la baronnie, criant : « Noël! Noël! » courent le long du chemin du château pour saluer Guillaume et embrasser leurs parents qui arrivent de la Terre-Sainte.

Les hommes d'armes entrent au castel de Marigny. Mathilde tombe dans les bras de Guillaume. Jamais je n'ai vu amour tendre comme celui-là; ces époux ne pouvaient parler, mais leurs âmes étaient sur leurs lèvres et semblaient se confondre dans de chastes baisers. Les bras de la châtelaine demeurèrent longtemps suspendus au cou du chevalier : elle pleura, et lui pleurait aussi. La petite Marie, folle de joie, leur tendait les mains et les embrassait tour à tour.

Près de ce groupe fortuné éclataient les mêmes cris de bonheur : des femmes étreignaient leurs époux dans leurs bras; des sœurs embrassaient leurs frères; des mères et des pères pleuraient de joie en retrouvant leur fils.

Mais on voyait aussi des femmes et des enfants fuir cette scène de bonheur, et s'abandonner au désespoir:

c'étaient des mères qui n'avaient pas retrouvé leurs
fils, des femmes qui apprenaient qu'elles étaient
veuves, des enfants à qui l'on venait de dire qu'ils
étaient orphelins.

Après quelques instants accordés à ces vives émotions, les portes de la chapelle s'ouvrirent, et les
pèlerins s'y précipitèrent pour remercier Dieu de leur
heureux retour. Les cierges de l'autel s'allumèrent;
la cloche fit entendre ses plus joyeux carillons; les
croisés et leurs familles chantèrent en chœur l'hymne
d'actions de grâces.

Le cantique venait de finir, lorsque le chevalier
ouvrit une cassette, et passa au cou de Mathilde une
chaîne d'or suspendant un médaillon où était enchâssé un morceau de la vraie croix.

Puis il fit signe à son chapelain de porter sur l'autel
un calice de cristal au fond duquel était une large
goutte de sang desséché.

« Adorons et prions, dit-il, nous avons devant nous
les restes d'un grand miracle. Cette invitation fut
suivie d'un religieux silence, et éveilla dans l'assemblée une vive curiosité.

« Pourquoi, demanda à demi-voix la baronne, nous
ordonnes-tu d'adorer et de prier? »

Guillaume, étant à genoux, parla ainsi :

« Le Seigneur a béni nos armes dans les combats.
La petite troupe de Marigny a fait plusieurs prisonniers, et parmi eux un jeune et noble émir. Un prêtre, solitaire sur la montagne des Oliviers, les instruisit dans le christianisme. Les pauvres infidèles,
tout en admirant la sainteté de notre religion, demeuraient inébranlables dans la loi de Mahomet. Pour
toucher leur cœur, Jésus se manifesta devant eux
dans la sainte hostie, sous la forme d'un petit enfant,

et changea visiblement le vin du calice en son sang adorable.

« Voici une goutte du sang de Jésus restée au fond du calice après la célébration des saints mystères. Pour l'obtenir de l'évêque de Jérusalem, je suis demeuré dans la Terre-Sainte deux années après le départ des autres croisés.

— Ce temps m'a paru long, murmura la châtelaine, et m'a fait verser bien des pleurs; mais, ô mon Jésus, que mes années de larmes et de deuil sont largement payées! »

Le peuple était dans une muette admiration pendant le récit de Guillaume : il demeura longtemps prosterné et ne quitta le sanctuaire qu'après avoir reçu la bénédiction avec le saint calice.

La sainte Larme fut enfermée dans le tabernacle de la chapelle, et chaque année on célébra une fête solennelle en son honneur.

Parmi les pèlerins venus de Palestine se trouvait un jeune homme portant la robe des Orientaux et montant une petite cavale noire et luisante : c'était l'émir dont le sire de Marigny venait de raconter la captivité et la conversion. C'était Tebsima.

Personne ne l'aborda à son arrivée. Dans toutes les paroles de joie et les larmes de tendresse que causa le retour, il n'y en eut pas une seule pour lui. Il commençait les jours d'exil!

Mon père, que Dieu vous préserve des peines qui attendent l'exilé sur la terre étrangère! Pendant quelques jours, la nouveauté des sites et des mœurs de la Bourgogne piqua ma curiosité; mais bientôt, au sein de vos vallées et sous les voûtes de vos forêts, le souvenir du désert vint me tourmenter.

La vie sédentaire que vous menez, et qui vous immobilise comme vos maisons, rendit encore plus vif le regret du pays chez un Arabe dont la vie avait été jusque-là mobile comme ses sables et errante comme son coursier.

Mon ennui fut mortel lorsque, quelques mois après mon arrivée, je sentis le vent devenir glacial, je vis le ciel se rembrunir et les arbres se dépouiller. Je me mis à regretter la chaude température de l'Asie, et ce beau ciel de l'Orient, dont l'âme aime à contempler l'immuable splendeur comme un reflet de l'éternelle patrie.

Plus tard, je fus emprisonné par les frimas. Alors je passais de longues heures près de la fenêtre de ma cellule, prêtant l'oreille aux sourds mugissements de l'hiver. Regardant tomber la pluie ou la neige blanchir le sol, je pensais à mon Arabie, je me souvenais d'Ibrahim et de Saraï, et je pleurais!

— Nos campagnes, interrompit frère Albéric, n'ont pas toujours cet aspect désolant. Quand le printemps vous rendit votre ciel d'azur, votre soleil d'or et une nature souriante de jeunesse et de beauté, la joie ne vous revint-elle pas au cœur?

— Non, mon père. L'exilé voit les plus riants paysages à travers un voile de larmes, et ce qui devrait le distraire ne fait que nourrir ses amères pensées. J'ai vu bien des fois la vallée de l'Ouche dans tout son éclat; c'était alors qu'elle me rendait plus triste. Ses saules me faisaient penser aux saules du Jourdain, ses vertes prairies aux oasis du désert; le murmure de son ruisseau me reportait aux sources des palmiers et aux torrents de nos montagnes.

Souvent, au déclin du jour, j'ai entendu les chants du pâtre, et j'ai vu revenir de leurs travaux les pères, entourés de leurs aînés, et les mères, au-devant desquelles accouraient les petits enfants. Tout cela, loin de me réjouir, me rappelait davantage que moi seul j'étais sans famille, et que le vieil Ibrahim attendait vainement mon retour.

Quand j'habitais le château de Marigny, j'ai contemplé quelquefois, du haut d'une tourelle, les jeunes filles du village exécutant des rondes; vous aurez peine à le croire : leurs cris de joie, leurs bruyants éclats de rire, le nuage de bonheur qui semblait répandu autour d'elles, m'ont souvent attristé jusqu'aux larmes. Ces heureuses jeunes filles me faisaient souvenir de l'infortunée Saraï !

Et, ce qu'il y avait de plus amer, il fallait, le deuil dans l'âme, parler et sourire pour ne pas affliger Mathilde et Guillaume. Cependant je me livrais sans contrainte au silence et à la tristesse, quand j'étais seul avec la petite Marie.

« Je te chéris comme si tu étais mon père, me dit un jour l'aimable enfant; pourquoi, quand je suis seule avec toi, es-tu toujours chagrin?

— Marie, si tu étais loin de ton père, de ta mère et du château de Marigny, serais-tu joyeuse et souriante?

— Je serais triste comme le petit de la fauvette arraché de son nid, et je mourrais comme l'oiseau qui n'a plus l'aile de sa mère pour le réchauffer.

— Comment veux-tu que je ne sois point triste, moi qui ne reverrai jamais ma famille et mon pays?

— Quel est ton pays?

— Il s'appelle l'Arabie : c'est la terre du soleil et des parfums; là toujours le ciel est serein, et l'on respire le baume et l'encens. Ah! si tu connaissais mon pays, si tu y étais née, tu l'aimerais et le regretterais comme moi!

— Là sans doute tu n'as plus de mère?

— Moins heureux que toi, je ne l'ai jamais connue. Mais j'ai laissé au désert mon vieux père, Ibrahim, et une sœur, appelée Saraï, aimable et douce comme ta mère. »

Ces réponses rendirent Marie rêveuse ; et depuis, quand nous étions seuls, elle ne me demandait plus pourquoi j'étais chagrin et silencieux. Je portai dès lors une affection paternelle à cette enfant.

« Mon fils, dit le religieux, vous aviez près de vous un ami puissant pour consoler : c'est le Dieu du tabernacle.

— Sans lui, répondit Tebsima, le regret de la terre natale m'aurait fait mourir. Chaque matin, quand le soleil venait m'annoncer un nouveau jour d'angoisse, Jésus m'appelait, par le son de la cloche, à l'autel du sacrifice. Là je déposais mes peines dans la plaie de son cœur, je les versais dans le calice de son sang ; ainsi offertes à Dieu, je les trouvais parfois si délicieuses, que je n'aurais pas voulu les changer contre les joies de la patrie.

Le calme et la sérénité du soir ramenaient pour moi des heures de douloureuse rêverie. J'entendais alors une douce voix me dire : « Qu'il vienne à moi celui qui souffre, et je le soulagerai ! » Je me retirais dans la chapelle du château : prosterné sur les dalles du sanctuaire, je priais et je pleurais, murmurant sans fin les noms d'Ibrahim et de Saraï.

Jésus semblait sourire à mes larmes dans les rayons du soir, et il me disait au fond du tabernacle : « Mon fils, pourquoi es-tu si triste? Je suis descendu du ciel pour demeurer avec toi et partager ton exil.

Courage! » Quand je m'éloignais, la tristesse reposait dans mon cœur sans l'accabler; le calme était revenu dans mon âme, car j'espérais que le Sauveur exauçant mes prières, laisserait tomber un regard sur Ibrahim et Saraï.

— Persévérez, reprit frère Albéric; les larmes et les cris de l'exilé sont puissants devant Dieu. Celui qui a ouvert les yeux de l'aveugle-né fera luire sur le vieil Ibrahim une lumière plus vive que celle de ce monde. Persévérez; celui qui attendit la Samaritaine sur le puits de Jacob ne délaissera pas Saraï : cette âme si pure est une fleur créée pour le ciel; il ne lui faut, pour s'épanouir, qu'une goutte de rosée et un rayon de soleil. — Outre les consolations de la prière, il vous restait sur la terre d'exil d'autres distractions. Vous pouviez, avec votre cavale, errer à travers nos montagnes et nos vallées.

— Au commencement, dit Tebsima en poussant un soupir, j'allais avec cette noble amie promener mes ennuis; mais ces courses ne devaient pas durer longtemps... »

Frère Albéric, comprenant qu'il venait de toucher une plaie vive du cœur de l'exilé, se hâta d'ajouter : « Mon fils, quand les frimas vous emprisonnaient dans votre cellule, n'aviez-vous pas pour vous distraire votre guitare et les chants de la patrie?

— Mon père, depuis mon arrivée en Bourgogne, je n'ai chanté que deux fois en m'accompagnant de la guitare, et ce chant, loin de me consoler, me jeta dans un ennui mortel, et ouvrit devant moi une carrière pleine de douloureuses aventures. »

Le religieux, surpris de ces paroles, pria le solitaire de lui parler de ce chant d'exil.

« C'était par une soirée d'automne, belle comme aujourd'hui, dit Tebsima; j'étais resté, après le repas, dans la grande salle du manoir avec Guillaume et Mathilde. Les croisées étaient ouvertes, nous respirions l'air pur et nous contemplions le ciel. La petite Marie jouait dans une embrasure de fenêtre. Un fugitif rayon de soleil, tombé sur sa tête rose et blonde, semblait une auréole d'or au front d'un chérubin.

La châtelaine chanta un gracieux sirvente. « Prends, me dit-elle ensuite, prends ta guitare, qui est là suspendue couverte de poussière, et chante-nous, à ton tour, une ballade de ton pays. »

La guitare fut longtemps muette entre mes mains, et mes yeux se remplirent de larmes, en me rappelant ces captifs des bords de l'Euphrate, à qui leurs vainqueurs demandaient les chants de la patrie.

De tous nos chants populaires, un seul, en ce moment, s'offrit à ma mémoire : ce fut *la Plainte du jeune César*. C'était le dernier que j'avais entendu en Arabie. La veille de notre départ pour les guerres de la Palestine, Saraï et les sœurs de mes compagnons d'armes l'exécutèrent devant nous, pour nous inviter à ne pas chercher la fortune dans les combats, mais à revenir bientôt reprendre les paisibles travaux de la vie pastorale.

— Qu'est-ce que ce chant? demanda frère Albéric; son nom rappelle plutôt Rome que l'Arabie.

— Vous ne vous trompez pas, reprit le solitaire; les souvenirs de Rome s'y mêlent à ceux de ma patrie. C'est une plainte plutôt qu'un chant; l'air en est si triste que, quand l'Arabe l'entend sur une terre étrangère, il lui faut reprendre le chemin du désert, ou mourir.

Ce chant est une page de l'histoire de ma tribu.

On rapporte parmi nous que Philippe, un de mes ancêtres, quitta sa famille et ses troupeaux pour s'engager dans les légions romaines. Il fut si heureux dans la carrière des armes, que de soldat il devint empereur.

Monté sur un char magnifique, il entra en triomphe dans la ville de Rome à la tête de ses légions. A l'amphithéâtre, la foule était si nombreuse, que Rome et l'empire semblaient réunis pour saluer le nouveau maître du monde. A son aspect, cette foule souleva ses flots comme une mer orageuse, et fit entendre de bruyantes acclamations.

Philippe se plaça sur un trône étincelant de pierreries.

Tous les regards, après s'être arrêtés un instant sur l'empereur, se fixèrent sur un jeune enfant assis à côté de lui. Il portait le manteau de pourpre et le diadème d'or; il avait le teint basané et la chevelure noire des Orientaux. Son visage était si gracieux, son regard était si doux, qu'on lui pardonnait d'être étranger. Cet enfant était le fils de Philippe, un pâtre de l'Arabie, dont son père venait de faire un César.

Les jeux commencèrent; la tradition rapporte qu'ils furent sanglants.

Il y avait dans l'arène, pour être dévorées par les bêtes, plusieurs vierges chrétiennes. Elles étaient souriantes comme si elles eussent été au jour de leurs noces; elles se montraient le ciel pour s'encourager à mourir, et s'enlaçaient mutuellement dans leurs bras, comme des arbrisseaux qui s'unissent pour résister à la tempête.

A la sollicitation de l'enfant, l'empereur se leva et dit : « Le jeune César demande au peuple-roi la grâce de ces jeunes filles.

— Non! non! s'écrie le peuple, mort aux contempteurs des dieux! Les chrétiens aux lions! les chrétiens aux lions! »

Et quand les lions se précipitèrent sur leurs victimes, les dames romaines et leurs filles s'inclinèrent sur leurs sièges pour compter les soupirs des martyres, et contempler la pâleur de leurs visages.

Les vierges chrétiennes semblaient sourire encore.

« Mon père, murmurait l'enfant en détournant la tête, les femmes de ton peuple sont avides de sang comme les hyènes de nos montagnes. »

Après le trépas des martyres, des troupes de gladiateurs vinrent saluer cette foule féroce, et s'égorgèrent pour lui plaire.

Pendant que le peuple hurle de joie à chaque flot de sang qui coule, et bat des mains à chaque combattant qui tombe, le jeune César s'écrie, saisi d'horreur : « Mon père, si ce sont là les jeux de ton peuple, que sont donc ses fureurs? »

Et, cachant sa tête dans le sein de Philippe, il lui fait entendre ses plaintes.

Après ce prélude, je m'apprêtais à chanter en m'accompagnant de la guitare. Mathilde me dit : « Ton jeune César m'intéresse, continue ton récit, et traduis-nous ses paroles avant de les chanter. »

— Je vous adresserai la même prière, s'écria le religieux.

— Je veux bien traduire cette élégie, répondit le solitaire; mais je vous préviens qu'en passant dans une langue étrangère ce chant, privé de mesure et d'harmonie, ne sera plus qu'une fleur qui aura perdu le velouté de ses couleurs et la suavité de son parfum.

« Mon père, disait le jeune Arabe, le désert ne vaut-il pas Rome et ton empire? Souviens-toi des jours de mon enfance : la caravane allait d'oasis en oasis; tu déposais mon berceau sous l'arbre de l'encens; le matin je respirais les brises embaumées, le soir je les respirais encore. Ces jours ne valaient-ils pas notre jour de triomphe?... Retournons en Arabie; là seulement est le bonheur! Retournons au désert; car ici je mourrais vite, comme l'arbre de l'encens transplanté sous un autre ciel.

« Là, monté sur ma cavale, l'arc à la main, je poursuivais la gazelle dans les sables. Le soir, à mon retour, ma mère me donnait à boire le lait de la chamelle. Le sourire de cette mère, les dattes de nos palmiers, le lait de nos troupeaux, l'eau du rocher, ne valaient-ils pas les festins de ton palais? Retournons au désert, car ici je suis malheureux comme la gazelle captive.

« Qui me rendra ces nuits d'Orient, passées aux portes des tentes, sous un ciel pur comme le saphir!... Les vieillards, par de merveilleux récits, me faisaient oublier le sommeil, ou je m'endormais aux accents des voix fraîches de mes sœurs, chantant l'Arabe et son coursier. Dis-moi, ces délassements ne valaient-ils pas les jeux cruels de ton peuple!... Arabie! Arabie! il faut ton ciel à ma vue, ton air à ma poitrine, tes récits et tes chants à mon cœur! Retournons au désert, car ici je suis triste comme le coursier qui a perdu son maître.

« Je bénirais celui qui, pour nos manteaux et nos diadèmes, Rome et ton empire, nous rendrait nos cavales, nos palmiers et nos sables mouvants. A ton Italie, dont les villes sont si riches, les palais si luxueux, je préfère mon Arabie avec son ardent soleil, ses solitudes et ses mœurs patriarcales, et loin d'elle je languis comme la liane arrachée de son palmier.

« Ton peuple me semble plus féroce que le lion de nos montagnes. Si tu restais longtemps au milieu de lui, je craindrais qu'un jour, dans ses fureurs, il ne vînt à te dévorer. Crois-moi, allons sous nos tentes. Si tu aimes à régner, tu regneras sur nos pasteurs et nos troupeaux. Ah! de grâce, retournons au désert, car je veux mourir où je suis né, et m'endormir pour toujours sur le sein de mon Arabie.

« Vents d'Italie, qui volez vers mon pays, dites à Otacilia, ma mère, que nous retournons la rejoindre. O femme, plus tendre que le pélican des solitudes, toi qui aimes tant ton fils que tu le nourrirais de ton sang, cesse de remplir le désert de tes cris, bientôt ce fils reposera sa tête sur ton cœur. »

J'achevai l'histoire du jeune Arabe.

Philippe souriait, enivré de sa grandeur, et l'enfant pleurait. « Ne pleure pas, disait l'empereur, ta mère sera à Rome dans quelques jours. »

« Infortuné César, ajoutai-je, redouble tes larmes; c'est fini, tu ne reverras jamais les oasis et les sables de ton pays; et cette mère à qui tu promets ton retour ne vient que pour te voir égorger et mourir elle-même de douleur!... »

En effet, quelque temps après, Rome était vendue à un autre empereur. Les soldats se jetèrent sur Philippe. L'enfant s'élança sur son père, pour le dérober aux coups de ses meurtriers; il le pressait dans ses bras aussi étroitement que la liane embrasse l'arbre qui la soutient. Il tomba percé des mêmes coups!

En mourant, le souvenir de son Arabie était

encore dans son cœur, et son nom erra longtemps sur ses lèvres : « Arabie !... Arabie !... Arabie !... »

Le fils de Philippe avait à peine douze ans[1].

Quand j'eus terminé ce récit, autour de moi tout était immobile et silencieux. La petite Marie ne jouait plus dans son embrasure de fenêtre; elle était à genoux devant moi, et je sentis deux larmes tomber sur ma main. Mathilde, prête à pleurer, avait fixé ses yeux humides sur sa fille : elle pensait au sort de la mère du jeune César. Le sire de Marigny me disait, par son regard triste et intelligent : Ce n'est pas sans raison que tu as choisi ce chant d'exil... Lui aussi me sembla profondément ému; car, voyez-vous, les chevaliers français cachent sous leur armure un cœur bon et compatissant comme celui d'une jeune fille.

Sur un signe que me fit la baronne, je refoulai mes sanglots et mes larmes; les cordes de la guitare frémirent sous mes doigts, et je chantai la plainte de l'infortuné César.

Les peines de l'exil, les souvenirs de la patrie, qui venaient de se réveiller plus vifs que jamais, l'émotion que me causa la langue maternelle, me permirent de rendre le sublime accent de tristesse du chant de l'exilé.

Aussi, dès que les gémissements de ma voix s'unirent aux soupirs de la guitare, les larmes, qui étaient au bord de toutes les paupières, commencèrent à couler.

Lorsque j'eus fini cette plainte, toutes les voix s'élevèrent pour me supplier de la redire; mais c'était

[1] L'empereur Philippe et son fils furent massacrés en 242.

impossible, mon cœur était trop plein et ma voix s'était éteinte. Je suspendis ma guitare, je couvris mon visage de mon manteau, et tout retomba dans le silence.

Après une longue pause, sire Guillaume, voulant m'arracher à la rêverie, me dit affectueusement : « Je le vois, tu viens de nous exprimer tes regrets dans ceux du jeune César. Pourquoi te déplais-tu parmi nous? Ne sens-tu point que je t'aime comme un frère, que tu es chéri de Mathilde et de Marie comme tu l'étais de Saraï? Chasse les importuns souvenirs qui te rappellent au désert, et ne pense plus qu'à vivre heureux parmi nous. »

Je lui répondis : « Votre tendresse donne tant de charme à vos paroles, qu'elles feraient oublier la terre natale si cela était possible. Mais vous le savez, quand la famille et la patrie sont absentes, on ne peut défendre son âme de l'ennui. Que de fois je vous ai vu triste et rêveur en Palestine! »

Le baron et Mathilde dormirent sans doute cette nuit-là; pour moi, mes yeux ne se fermèrent point : continuellement mon esprit fut troublé par les paroles du jeune César, et mon oreille retentit de leur chant plaintif.

Le lendemain, je fus poursuivi par les mêmes souvenirs; mes jours devinrent pleins de tristesse et mes nuits sans sommeil. Je me cachais dans les vallées sauvages; j'allais m'asseoir dans la profondeur des bois pour rêver à loisir sur ma chère Arabie. Quand j'étais agenouillé sur les dalles de la chapelle, je ne priais plus : mes pensées vagabondes erraient dans le désert ou contemplaient le ciel de l'Orient.

Vaincu par l'amour de la terre natale, je voulus revoir mon Arabie, embrasser une fois encore le vieil

Ibrahim et Saraï, et essayer de les mettre sur le chemin du ciel en leur faisant connaître mon Dieu.

Cette résolution s'empara si vivement de mon âme, qu'elle me fit oublier un instant les droits de l'hospitalité. Pour retourner dans mon pays, il fallait affronter les instances de Guillaume et de Mathilde ; je résolus de fuir furtivement, et de livrer leurs cœurs aux inquiétudes qu'entraîne après elle la subite disparition d'un ami.

Mes nobles hôtes, ayant remarqué mon ennui, résolurent, pour me distraire, de me conduire à un grand tournoi que le duc Hugues donnait, dans sa bonne ville de Dijon, aux chevaliers de France et de Bourgogne. Je choisis ce jour pour exécuter mon dessein. Voulant m'entraîner avec eux, Guillaume et Mathilde m'adressèrent d'affectueuses paroles ; plus leur langage était pressant, plus ma résistance était opiniâtre. Il me quittèrent contristés.

Quand ils eurent disparu, je me sentis libre comme le prisonnier délivré des gardes qui gênaient son évasion. Je montai dans ma cellule prendre mes armes et ma guitare.

Au sortir de la cellule, cette réflexion me troubla : Que dira ce soir Guillaume en entrant dans cette chambre déserte ? Que pensera-t-il quand, après m'avoir cherché, il ne me trouvera plus ? Mon cœur faiblit.

Alors, pour ranimer mon courage, je saisis ma guitare et je chantai une seconde fois la plainte du jeune César. L'Arabie m'apparut avec tant de charmes, que cette image fit taire tout sentiment de reconnaissance. « Partons ! m'écriai-je, il y a trop longtemps que je languis sur la terre étrangère !... »

J'entraînai ma cavale hors de l'étable ; son œil étincelait, son pied impatient frappait la terre, ses hennissements semblaient me crier : Allons! on eût dit qu'elle sentait que nous partions pour l'Arabie.

En passant devant la chapelle du manoir, je pensai à la sainte Larme; je descendis de cheval pour lui dire adieu, et recommander à Jésus mon aventureux voyage.

Je fus saisi par le calme du saint lieu, et un instant j'hésitai si je ne fuirais pas ce sanctuaire dont la paix troublait la fièvre de mon âme. Une force divine me retint : je m'agenouillai. Je voulus prier, mais je ne le pus; mon cœur impatient me disait : Sortons d'ici! sortons d'ici!

Tout à coup la grâce imposa silence aux puissances de mon âme, et une voix divine, s'échappant du tabernacle, retentit au fond de mon être. Elle me reprochait tour à tour la tendresse et les bienfaits de Guillaume, ma froideur et mon ingratitude. Ce langage était muet, néanmoins il me remuait profondément. Je fus terrassé au pied de l'autel; étendu sur les dalles du sanctuaire, je pleurai longtemps, enfin je promis à Jésus de ne point quitter la Bourgogne sans dire adieu à mon hôte.

Le soir du retour de Guillaume, je me jetai à ses genoux et je lui demandai pardon. Je lui parlai de mon dessein de fuir, et de la voix divine qui m'avait retenu.

Le chevalier me releva, remerciant Dieu de l'avoir préservé des angoisses que lui préparait ma disparition. Et, m'embrassant, il dit : « Mon frère, demeure dans notre Bourgogne; souviens-toi de la recommandation de Godefroy mourant : aimons-nous comme s'aimaient Jonathas et David.

— Sire Guillaume, lui répondis-je, je viens tout à la fois vous demander pardon et vous dire adieu. Demain je retourne au désert.

— Au désert! s'écria le baron; as-tu mesuré la distance qui t'en sépare, et compté les obstacles qui t'en ferment l'entrée? »

A cette question, je vis surgir devant moi toutes les difficultés d'un voyage où il fallait affronter une mer orageuse et parcourir des pays infidèles. Mais, par delà ces difficultés, l'Arabie se présenta si radieuse à mon imagination, que je m'écriai : « Noble ami, laissez-moi partir! de grâce, laissez-moi partir! Depuis que j'ai entendu le chant du jeune César, je ne puis plus vivre sur une terre étrangère; il me faut revoir mon Arabie, ou mourir!

— Mon frère, pars, je te laisse libre. Mais, dis-moi, que vont gagner à ton retour ton père et Sara? Si tu restes fidèle à ton Dieu, tu sais que tu mourras égorgé. Pourquoi te condamner à tant de fatigues et de périls pour aller leur offrir le spectacle de ton trépas? Et toi-même, mon bien-aimé, que gagneras-tu à ce voyage? Tu ne peux résister au seul souvenir de ton pays : que feras-tu quand il t'environnera de ses séductions, et que ta famille te conjurera de vivre en renonçant à ton Dieu? N'est-il pas à craindre qu'en retrouvant pour quelques jours ta patrie terrestre, tu ne perdes le ciel pour l'éternité?

— Guillaume, ne craignez rien, avec la grâce divine je serai fidèle à Jésus. Pour lui j'ai subi l'exil; s'il le faut, pour lui je supporterai la mort. Je dirai aux membres de ma tribu : « Je suis chrétien. J'avais fui pour ne pas exposer ma foi, mais je n'ai pu vivre sur la terre étrangère. Tuez-moi si vous le voulez; je préfère la mort à l'exil! »

Mathilde et Marie survinrent. En apprenant mon départ, elles unirent leurs instances à celles de Guillaume. Cet assaut fut terrible; il me fallut lutter avec l'énergie d'un captif que l'on veut enchaîner.

« Laissez-moi partir, m'écriai-je. De grâce, laissez-moi partir ! Ibrahim et Saraï m'attendent au désert. Laissez-moi tenter de les amener à Jésus-Christ. Désormais il n'y a plus de paix et de repos pour moi tant que je n'aurai pas montré à ces âmes le chemin du ciel ! »

Au nom d'Ibrahim et de Saraï, les oppositions cessèrent. Guillaume et Mathilde, qui savent ce que valent les âmes, comprirent que ce n'était point trop faire pour celles-ci que d'aller les chercher aux extrémités du monde.

Nous passâmes cette nuit à converser ensemble. Elle nous parut courte : on a tant à dire, la veille d'un long voyage, quand on s'aime et que l'on n'a plus l'espérance de se revoir !

Le lendemain, dès l'aurore, je quittai le château de Marigny. Les serviteurs étaient attristés, et la petite Marie était suspendue à mes vêtements; j'eus peine à m'en séparer.

Mathilde me dit tout en larmes : « Adieu, mon frère. Si la terre natale t'est inhospitalière, reviens au manoir; tu y trouveras toujours ta place à la table et au foyer. »

Guillaume me reconduisit jusqu'au rivage de la mer. Un vaisseau partait pour la Palestine. J'embrassai mon ami. « Tebsima, me dit-il, j'ai le pressentiment qu'un jour tu reviendras en France; voici pour payer ton voyage et celui de ta cavale. »

Il ouvrit son aumônière et en tira une poignée d'or.

Je serrai la généreuse main du baron, et je m'élançai sur le navire qui fuyait vers l'Orient.

Mon voyage fut long et plein de douloureux incidents; je vous le raconterai à votre prochaine visite.

CHAPITRE VI

LE RETOUR AU DÉSERT

Le ciel devint brumeux; un épais brouillard couvrit la vallée et rampa le long des collines. Puis une forte pluie d'automne tomba pendant plusieurs jours.

Enfin l'arc-en-ciel parut dans les nues; la brume se dissipa, on vit dans le lointain le contour azuré des monts; les nuages s'entr'ouvrirent et laissèrent apparaître une petite place bleue du firmament; un rayon de soleil sourit à la terre.

Frère Albéric sortit de sa cellule, et prit le sentier qui conduisait à la grotte de Marigny.

L'eau dégouttait des arbres, presque entièrement dépouillés; des cascades se précipitaient des rochers; des ruisseaux mugissaient sur le versant des collines. La rivière de l'Ouche, ordinairement si calme et si limpide, grondait comme un fleuve et roulait des flots jaunâtres dans le vallon. Quelques oiseaux saluaient de leur chant le retour du soleil et la sérénité qui reparaissait au ciel. Le long du sentier de la forêt, des gouttes de pluie tremblaient sur le rare feuillage des arbres ou étincelaient comme des diamants à la pointe des hautes herbes.

Tebsima était assis au seuil de sa demeure. Aussitôt qu'il aperçut le religieux, il vint à sa rencontre et dit: « Mon père, que votre absence m'a paru longue! votre venue me réjouit comme le retour du beau temps! » Il introduisit frère Albéric dans le creux du rocher.

La grotte de Tebsima était spacieuse; elle était saine : sa voûte et ses parois n'offraient aucune trace d'humidité. Une lampe, suspendue devant une image de la Vierge, éclairait ce sépulcral séjour. On voyait dans ce lieu des nattes, des sièges rustiques, quelques vases de terre, des corbeilles commencées et une guitare suspendue au chevet d'un lit de feuilles et de mousse. Au fond de cette cellule s'élevait un autel sur lequel reposait un livre d'heures ouvert au pied d'un grand crucifix. On respirait dans cette demeure un parfum de recueillement et de prière.

Le solitaire donna un siège de chêne au religieux; pour lui, il s'assit à la manière des Orientaux, sur une natte de joncs. Il ranima la flamme du foyer pour sécher les pieds de son hôte.

Frère Albéric, après avoir offert à son cher malade un rayon de miel et un breuvage aromatisé avec la primevère et la violette, le pria de lui raconter son voyage en Orient.

« La traversée fut heureuse, dit Tebsima. Le navire ayant touché aux plages de la Palestine, je m'acheminai vers l'ermitage de Gethsémani. Éphraïm éprouva une grande joie en m'embrassant. Je lui annonçai que j'avais quitté la France et le sire de Marigny, pour retourner en Arabie et essayer de convertir au christianisme mon père et Saraï.

« Mon fils, me répondit-il, tu entreprends une

Jérusalem vue de la montagne des Oliviers.

sainte tâche, mais elle est difficile. Ta patrie est inhospitalière aux chrétiens. Sais-tu quel a été le sort de tes frères à leur arrivée au désert? Les uns ont été martyrisés, les autres ont été contraints de fuir la cruelle Arabie. Saïd, l'ami que tu chargeas de saluer pour toi le vieil Ibrahim, a été forcé de revenir à Jérusalem; chaque semaine il m'apporte le pain qui m'est nécessaire: il vient ce soir, tu pourras l'interroger. Ne te laisse point décourager par les obstacles; au contraire, que ton courage grandisse avec les périls. Ne crains rien, le Seigneur sera avec toi. »

Saïd vint à la cellule de Gethsémani. Je l'interrogeai; il me fit de décourageantes révélations.

« Arrivé en Arabie, dit-il, j'allai saluer de ta part l'émir Ibrahim. Je lui remis ta lettre; Saraï la lut en poussant des cris de désespoir.

« A la nouvelle que tu étais chrétien, et que tu avais dit un éternel adieu à ta famille pour ne pas exposer ta foi, le vieillard déchira ses vêtements, se couvrit la tête de poussière, et s'écria avec indignation : « Étranger, n'y avait-il point assez de deuil sous
« ma tente, sans en apporter encore? Retire-toi! J'ai-
« merais mieux te voir jeter à mes pieds la tunique
« sanglante de mon fils, mort en combattant pour
« Allah, que de recevoir le message que tu m'ap-
« portes en ce jour! Tebsima, ajouta-t-il, ce n'était
« donc point assez d'avoir, à ta naissance, coûté la
« vie à ta mère; il te fallait encore faire mourir de
« chagrin ton vieux père! je ne t'appellerai plus
« désormais Tebsima, c'est-à-dire *Sourire*; tu ne
« seras plus pour moi que Ben-Beka, l'*Enfant des*
« *pleurs!* Allah! Allah! j'ai trop vécu! ouvrez-moi
« la tombe, afin que j'y cache mon désespoir et ma
« honte! »

En entendant ces paroles, je fus atterré : « Adieu, m'écriai-je, adieu pour toujours, père que j'aimais tant ! vous êtes mort dans les ténèbres de l'islamisme, en me chargeant de votre malédiction ! »

— Mon frère, reprit Saïd, avant de te lamenter, écoute la fin de mon récit. Ton père, accablé de désespoir, se couvrit la tête d'un voile de deuil. Il pleura pendant trois jours, refusant toute nourriture. Il redisait sans cesse : « Je n'avais qu'un fils ; je l'avais « élevé pour Allah et son Prophète, et voilà qu'il a « renié la foi et le sang de ses pères ! Il est chrétien ! « il est chrétien ! »

« Après ces premiers moments donnés à la douleur, l'énergie revint au cœur du vieillard ; il s'écria plusieurs fois : « C'était écrit ! c'était écrit ! » Il se lava le visage, se fit apporter du pain et de l'eau, et prit un peu de nourriture. Quand je quittai l'Arabie, Ibrahim vivait encore.

— Je le vois, dis-je à Saïd et au solitaire, ma tâche est difficile. N'importe, je ne m'arrêterai point au milieu de ma course ; je reverrai mon Arabie ; j'embrasserai mon vieux père et Saraï ; je leur parlerai de mon Dieu et du ciel ! »

Saïd m'annonça que, la semaine suivante, une caravane partirait de Jérusalem pour aller au pays de Saba acheter de la myrrhe et de l'encens. Je résolus de la suivre.

Le jour du départ, Éphraïm me conduisit avant l'aurore à la grotte du jardin des Olives. Il célébra pour moi les divins mystères, et me donna la sainte communion, le pain du voyage. Il me bénit. « Mon fils, s'écria-t-il, que le Seigneur soit avec toi ! Que son ange t'accompagne comme autrefois le jeune Tobie ; qu'il te protège dans les dangers, et si ta patrie t'est inhospitalière, qu'il te rende à ma tendresse. »

J'éprouvai une joie mêlée de tristesse en parcourant les solitudes de mon pays. Je reconnus les campagnes austères que j'avais vues en traversant l'Arabie avec Ismaïl et ses soldats. Elles n'avaient point changé; mais qu'étaient devenus Ismaïl et mes compagnons d'armes? Je demandai Ibrahim aux premiers Arabes que je rencontrai; ils me dirent qu'ils ignoraient le lieu où l'émir faisait paître ses troupeaux.

Je m'enfonçai dans l'intérieur de l'Arabie, errant de désert en désert; je questionnai, on ne me répondit rien.

Enfin, aux approches du pays de Saba, un voyageur me dit : « Ibrahim et sa tribu ont dressé leurs tentes dans l'oasis voisine. » Cette oasis m'était chère entre toutes; elle était pour moi pleine des souvenirs d'enfance.

J'y arrivai sur le soir. Saraï puisait de l'eau à la fontaine des Palmiers. De si loin que ses yeux me découvrirent, son cœur me reconnut. Elle courut au-devant de moi, et, se jetant dans mes bras, elle s'écria : « Tebsima!... Tebsima!... » Longtemps je la tins pressée sur mon sein; nous pleurions, nous sanglotions; nous ne pouvions articuler une parole, tant nos cœurs étaient émus.

Elle me conduisit à la tente d'Ibrahim. « Mon père, dit-elle, réjouissons-nous; voici Tebsima! Allah nous l'a rendu! » Le pauvre aveugle, le visage rayonnant de joie et les mains étendues dans l'ombre, s'écria : « Où est mon fils? » Je tombai dans ses bras en murmurant : « Mon père! mon père! me voici. » Le vieillard pleura sur moi, disant : « Béni soit Allah, qui te rend à ma tendresse! Mon fils, en te retrouvant, tous mes malheurs sont oubliés ; je me sens rajeunir ! Saraï, que le repas du soir soit splendide, Tebsima nous est rendu ! »

Cette joie fut aussi courte qu'elle fut vive.

A la fin du repas, Ibrahim me dit : « Mon fils, raconte-nous comment tu es revenu à la loi du Prophète.

— Mon père, j'ai trouvé le seul et véritable Dieu ; je viens vous faire partager mon bonheur. J'ai découvert l'unique chemin qui conduit au ciel ; je suis accouru du fond de l'Occident pour vous l'indiquer. Je veux que vous et Saraï nous y marchions ensemble.

— Quel est ton Dieu ? est-ce celui de Mahomet, ou un Dieu étranger ?

— C'est le Dieu créateur et rédempteur du monde : le Dieu du Sinaï, du Thabor et du Calvaire.

— Parle clairement ; es-tu chrétien, ou disciple de Mahomet ?

— Je suis chrétien ! Quand vous connaîtrez mon Dieu, vous l'aimerez comme moi. »

Ces paroles furent un coup de foudre pour le vieillard : il resta un instant muet et interdit ; puis, s'armant de tous les éclats de la colère, il s'écria : « Tu es chrétien, et tu oses paraître devant moi ! Retire-toi, enfant maudit ! Sois sur cette terre errant comme Caïn ! Retourne en Occident ; va porter à travers les nations infidèles la malédiction de ton père ! »

Je me jetai aux pieds d'Ibrahim, le conjurant de ne point me maudire et de ne pas me chasser de sa présence. Je le suppliai de m'accorder le sort de ses esclaves, s'il ne voulait plus me regarder comme son fils. Il me repoussa avec indignation, disant : « Hâte-toi de fuir, si tu ne veux pas être livré aux mains de mes serviteurs, qui vengeront dans ton sang l'outrage que tu as fait à Allah et à son Prophète. »

Je sortis de la tente de mon père en chancelant comme un homme ivre. Saraï me soutint; elle m'entraîna sous les palmiers de la fontaine et me fit asseoir sur un banc de pierre.

Là se passa une nuit à la fois douce et cruelle. Je pris les mains de ma sœur, et je lui parlai de mon Dieu. Je lui dépeignis tour à tour la beauté virginale de Marie, et la face divine de Jésus. Je lui racontai combien était radieuse la figure de l'enfant que j'avais vu dans l'Eucharistie.

Saraï était émue en m'écoutant. Je croyais que son âme allait s'ouvrir à la vérité; mais tout à coup elle secouait la tête, en disant : « Tebsima, ne me parle plus de ton Dieu : Mahomet maudit celui qui discute avec un infidèle.

— Allons, lui dis-je, allons ensemble au ciel! Unis tes efforts aux miens pour y entraîner notre vieux père! C'est trop d'avoir été, pendant de longues années, séparés sur la terre, ne nous séparons point pour l'éternité!

— Tes instances sont inutiles, reprit-elle; je ne cesserai jamais de t'aimer; mais il y aura entre la foi de nos âmes une distance plus grande que le désert qui s'ouvre devant nous, plus immense que l'espace qui s'étend de la terre au firmament.

— Si tu le veux, sœur bien-aimée, j'affronterai pour toi la dent des lions et le fer des musulmans. Le jour, je me cacherai dans le creux des rochers; le soir, je viendrai m'asseoir sous ces arbres, et nous passerons de longues heures à parler de mon Dieu et du ciel.

— Non! non! retourne en Occident; il y aura toujours entre nos croyances la distance qui sépare Jésus de Mahomet. »

Une dernière fois, je la conjurai avec larmes d'aimer le Sauveur; je la serrai sur ma poitrine, je voulais la réchauffer sur ce cœur où le Christ était descendu.

Elle me répondit : « Laisse-moi, je n'aurai jamais d'autre Dieu que l'Allah du Prophète! »

Pendant cette lutte, la lune s'était cachée à l'horizon, les étoiles avaient pâli, et le ciel s'était illuminé des premières lueurs du matin.

« Tebsima, s'écria Saraï, il faut nous quitter! mon père m'attend. Adieu, frère malheureux! Adieu pour toujours! Allah! Allah! pourquoi faut-il se séparer ainsi de ceux qu'on aime! »

Elle s'arracha de mes bras, et prit en pleurant le sentier qui conduisait à la tente d'Ibrahim. Pour moi, je m'acheminai lentement sur la route de l'exil.

Je revins bientôt sur mes pas : l'amour d'Ibrahim, de Saraï et de mon Arabie m'enchaînait en ce lieu. Pour contempler une dernière fois cette terre aimée et ses habitants plus aimés encore, je me cachai dans un petit bois qui dominait l'oasis.

Le soleil se leva sur le désert; il était beau comme aux jours de mon enfance. Sur le rocher où j'avais attendu mon père et mes frères au retour du pèlerinage de la Mecque et de Médine était assis un petit pâtre, entouré de chèvres et de brebis. Il jouait d'une flûte champêtre. J'écoutai; je reconnus la plainte du jeune César. Dans la vallée paissaient, au sein de vertes prairies, des chevaux et des dromadaires. Les chameliers chantaient; leurs voix mélancoliques répondaient à l'air venu de la montagne. Les souvenirs abondaient dans mon âme : chaque site, chaque arbre me rappelait un fait de mes jeunes années. Ah! qu'il m'en coûtait d'être exilé de ce lieu! j'étais malheureux comme Adam banni de l'Éden.

Mes regards ne pouvaient se détacher de la tente qui était devant moi. J'en vis sortir Ibrahim, appuyé sur le bras de Saraï. Que sa démarche était lente! Qu'il me parut brisé! Ma sœur le conduisit sous un vieux térébinthe, à l'ombre duquel tous deux s'assirent. Ils demeurèrent silencieux. Saraï prit sa quenouille et son fuseau; mais ses doigts restèrent immobiles, et souvent elle essuyait des larmes.

L'aspect de cette douleur me faisait souffrir; mais je ne pouvais détourner mes yeux d'Ibrahim et de Saraï; j'étais heureux de les voir, et mon regard voilé de pleurs fut fixé sur eux tout le temps qu'ils demeurèrent sous le térébinthe.

La chaleur devint accablante; alors mon père et ma sœur rentrèrent sous la tente.

Il était temps de reprendre ma course, je ne pus me résoudre à quitter ma retraite. J'attendis l'heure du soir, où Saraï avait coutume d'aller à la source du rocher. Je voulais la voir une fois encore.

Le soir vint, la pauvre fille prit le sentier de la fontaine; plusieurs fois elle s'arrêta, pensive et absorbée dans sa douleur. Arrivée à la source des Palmiers, elle posa sa cruche sur le banc où nous nous étions assis, et, la tête appuyée sur le rocher, elle pleura; ses larmes tombaient dans la fontaine. Les brises qui venaient de ce côté m'apportaient le bruit de ses sanglots et le murmure du nom de Tebsima, plusieurs fois répété.

Cette scène me brisa. J'avais pleuré bien des fois dans ce jour; en ce moment je sanglotai, et il me fallut envelopper mon visage dans mon manteau pour comprimer mes cris et dérober ma présence à Saraï.

Ma sœur demeura longtemps la tête appuyée sur le rocher. Plusieurs fois je fus tenté de m'élancer de ma retraite et de courir me jeter dans ses bras! Oh! qu'il était dur d'être si près, de tant s'aimer, et de n'oser se parler! J'eus le courage de ne pas renouveler une lutte inutile, et de ne pas augmenter un chagrin déjà trop cuisant.

Saraï remplit son vase et s'éloigna. Je la suivis du regard jusqu'à la tente d'Ibrahim. Elle disparut. Je l'avais vue pour la dernière fois.

J'étendis mes mains vers la tente en criant: «Adieu, mon père! adieu, Saraï! que le Seigneur vous éclaire! Adieu, terre où je suis né! je vous quitte pour jamais! »

La lune se levait sanglante au fond du désert. Je montai sur ma cavale, et je pris le chemin de Jérusalem.

Après avoir marché trois jours, je me trouvai perdu au milieu des sables; plus j'avançais, plus la solitude se faisait profonde autour de moi. En vain je cherchais du regard un voyageur ou les tentes de quelque tribu; partout je ne découvrais que le désert et une nature morte et désolée. Mon âme se remplit d'angoisses, et mon corps frémit de terreur; je me souvins de mes frères ensevelis dans les sables de l'Arabie.

C'était au milieu du jour, l'atmosphère était étouffante comme une fournaise; pas un souffle ne passait dans l'air, pas un nuage ne voilait le soleil. Il ne me restait qu'un peu d'eau au fond d'une outre et un dernier morceau de pain. Je me disposais à prendre cette nourriture et à mourir, quand ma cavale s'affaissa, épuisée de fatigue et de besoin. Je soulevai la tête de cette pauvre amie, je la couvris de baisers, je l'arrosai de larmes, en lui donnant l'eau et le pain que je me réservais. Ses forces se ranimèrent; je l'entraînai à l'ombre d'une roche, et j'attendis passer le fort de la chaleur.

Quand le soleil eut baissé, je soutins ma cavale par le frein, et je me dirigeai vers un monticule couvert d'arbres que j'apercevais à l'horizon. Là j'espérais trouver de la nourriture. Il y avait de l'herbe et du feuillage; ma cavale n'en voulut pas; elle se coucha sur le sol et demeura immobile. J'errai à travers la montagne; je parcourus le bois en tout sens : il me fut impossible de découvrir un fruit ou une goutte d'eau.

La faim, la fièvre et surtout la soif me dévoraient; mes pieds chancelaient sous moi; ma langue était ardente comme un charbon; un feu mortel courait dans mes veines, et des flammes s'échappaient de ma poitrine. Désespéré, je revins près de ma cavale, je me jetai à son cou, et j'appelai la mort.

La nuit se faisait noire; heureusement le ciel étincelait d'étoiles. Je vis, à une faible distance, une roche que je n'avais point explorée; je m'y traînai péniblement. Quand je fus près d'elle, j'aperçus une caverne ombragée d'un vieux figuier. J'inclinai les rameaux de cet arbre et je me nourris de ses fruits. Pendant que je tenais les branches du figuier, un rayon de la lune traversa le feuillage et éclaira une croix sculptée sur le roc. Cette croix, gravée par la main de l'homme et noircie par les siècles, était un souvenir de cet heureux âge où l'Arabie était chrétienne, et où ses antres étaient peuplés de solitaires. Ce signe vénéré me remplit de joie et fut pour moi un trait de lumière. Je me dis : Puisque l'homme habita ce lieu, cette caverne doit recéler dans son sein l'eau que je ne trouve nulle part.

J'entrai dans la grotte; je touchai son sol, il était brûlant. J'avançai, me heurtant contre le rocher et rampant sur mes mains, la terre était aride comme les sables de la solitude. Je ne me décourageai point; je m'enfonçai toujours dans les profondeurs de la caverne. J'entendis un faible murmure; j'écoutai : c'était de l'eau qui tombait à travers les rocs! Guidé par ce bruit, je parvins à la source, j'y fixai mes lèvres et je bus à longs traits la fraîcheur et la vie.

Je remplis une outre d'eau; je la portai à ma cavale; elle se désaltéra et se mit à brouter l'herbe. Je la laissai à la porte de la caverne, où j'entrai prendre mon repos. Je m'étendis sur une large pierre; je plaçai sous ma tête ma hache d'armes et mon épée, et je m'endormis d'un profond sommeil.

Le lendemain, mon réveil fut terrible.

Au lever du soleil, ma cavale se précipita dans la grotte, ayant les yeux effarés et les crins épars. Je cherchais la cause de cette terreur, quand un affreux rugissement remplit le désert.

Je me lève en saisissant ma hache d'armes et mon épée. Je jette un regard autour de moi; je vois le sol couvert de crânes humains et d'ossements desséchés. Je n'en puis douter, je suis dans le repaire d'un lion! Les griffes de cet animal sont fortement empreintes sur la poussière; je distingue aussi des traces moins larges, ce sont les pas de la lionne.

Que faire? me dis-je avec effroi. Je n'avais plus le temps de fuir, le lion m'aurait dévoré avec ma cavale. Je pouvais sortir de la caverne et me réfugier sur un arbre; mais qu'allait devenir ma fidèle compagne ? et comment, sans elle, traverser la solitude ?

Je résolus de lutter, et, s'il le fallait, de lutter jusqu'à la mort. Je soulève la pierre sur laquelle j'avais dormi : je l'enfonce dans l'embrasure du rocher, ne laissant d'autre ouverture que celle que je crois nécessaire au passage de mon ennemi. J'achevais ce travail, quand un second rugissement se fait entendre.

Bientôt les rameaux se brisent autour de moi; le lion paraît! Sa taille est colossale; sa large tête porte fièrement une épaisse crinière; une langue rugueuse et sanglante sort de sa gueule, et de longues dents arment ses formidables mâchoires.

Le redoutable animal marche avec défiance, examinant la roche qui ferme à demi son repaire. Ayant aperçu ma cavale dans l'ombre, il avance quelques pas. Tout à coup il s'arrête : ses yeux ont rencontré les miens.

Il hésite un instant s'il commencera l'attaque. Peu à peu ses yeux se remplissent de fureur; sa queue bat ses flancs; ses ongles déchirent la terre. Je lui présente mon épée pour lui montrer que je ne crains point le combat. Il la mord et se fait une légère blessure : dès lors le duel est commencé, l'un de nous doit mourir.

Le lion se précipite sur la pierre de la caverne; ses griffes puissantes s'y sont fixées; il cherche à la renverser. Ma défense semble exciter sa furie et centupler ses forces. La barrière qui nous sépare est ébranlée; elle va céder; je me vois perdu, lorsqu'un coup de hache abat l'une des pattes de mon adversaire. Il recule en rugissant, lèche sa blessure et se roule dans la poussière : à le voir, on dirait qu'il s'enivre de sang et de rage.

Il revient à l'attaque. Cette fois il est suspendu au sommet du rocher; sa tête se penche sur la mienne: il se prépare à s'élancer dans le repaire. J'essaye de lui crever les yeux: l'un de mes coups est si heureusement porté, que l'œil reste à la pointe de mon épée.

Le monstre se retire et exhale sa douleur en rugissements. Tout tremble: le sol, les arbres, la caverne et le désert. Ma cavale, qui s'enivrait autrefois du bruit des batailles, frissonne à mes côtés. Je crois toucher à ma dernière heure; j'entends au loin des voix menaçantes qui répondent aux hurlements du lion.

Ibrahim et Saraï, que n'étiez-vous témoins de cette scène ! Vous eussiez peut-être ajouté foi à la parole de Tebsima, en le voyant ainsi exposé pour avoir voulu porter la lumière à vos âmes.

Je me prépare à un nouvel assaut; je consolide la pierre qui me sert de rempart. J'écoute les bruits de la solitude, je reprends courage : j'ai reconnu que les voix qui grondent dans le lointain sont les échos de la montagne.

Le lion se tait. Il bondit à la porte de la caverne; son regard est en feu ; sa gueule laisse tomber de larges flocons d'écume. De sa tête il frappe la pierre à coups redoublés; elle tremble, elle croule, elle se renverse !

Je recule de quelques pas, pour ne point être écrasé par sa chute. Le féroce animal se dresse sur ses griffes de derrière, et se jette sur moi la gueule béante. A ce moment je lui plonge mon épée à travers le corps. Il se replie sur lui-même et brise le glaive entre ses ongles et ses dents. Quoique mortellement frappé, il se relève; mais trois coups de hache lui ouvrent le crâne, et l'étendent mort à mes pieds.

Je ne fus point tenté de dépouiller le vieux roi du désert et de me faire un trophée de son manteau; je me hâtai d'abreuver ma cavale, de remplir mes outres et de fuir. Je redoutais l'arrivée de la lionne, et je n'étais plus assez bien armé pour un second combat.

A peine avais-je fait quelques pas, que j'entendis de lamentables rugissements s'échapper de la caverne: la lionne venait de rentrer dans sa tanière. A ces cris, ma cavale se dresse, mord son frein, précipite ses pas et semble dévorer l'espace.

Le soir de ce jour j'arrivai dans une tribu. J'étais heureux, après les émotions de ma course, de rencontrer l'homme et de goûter cette hospitalité orientale qui rappelle les mœurs des anciens patriarches. Je me trompais: cette hospitalité devait être aussi dangereuse que le repaire du lion.

Je m'assis au repas du soir. Mes hôtes furent pleins de cordialité; ils m'offrirent des dattes, du pain cuit sous la cendre, de l'eau fraîche et le lait de la chamelle. Ils me demandèrent d'où venait le sang qui tachait ma tunique. Je leur racontai ma lutte du matin. Un cri de joie salua mon triomphe, car le lion du désert était l'effroi de la contrée; il dévorait les voyageurs dans la solitude, et égorgeait les pasteurs et les troupeaux.

Pendant mon récit, il y avait devant moi un jeune homme à la figure sombre et sinistre; ses yeux ne cessaient de se fixer sur moi. « Voyageur, me dit-il, il me semble te reconnaître. Ne t'ai-je pas vu à la bataille d'Ascalon? Ne serais-tu point l'émir qui commandait les Arabes? — Oui, répondis-je, je suis Tebsima, le fils d'Ibrahim. » Ces paroles, de nature à éveiller la sympathie pour un chef malheureux, furent suivies d'un froid silence. Les Arabes se regardèrent avec étonnement, et dès lors je devins pour eux un objet d'horreur.

Comme j'étais très fatigué, je demandai à prendre mon repos. Une esclave me conduisit dans la tente qui m'était réservée; elle étendit une natte sur la terre, et me quitta en me souhaitant d'heureux songes. Je m'endormis.

Mes hôtes continuèrent à converser; leurs voix prenaient tour à tour l'accent de la discussion, et le silence du complot qui s'ourdit dans l'ombre. Ils tramaient ma mort.

Sur la fin de la nuit, une femme tira doucement le bord de mon manteau, et me dit à voix basse :

« Étranger, lève-toi, et continue ta route.

— Femme, pourquoi m'ordonnes-tu de fuir?

— Les chefs de la tribu t'ont condamné à mort.

— Qu'ai-je fait aux membres de ta tribu ?

— Tu es chrétien.

— Qu'en savent-ils ?

— Écoute, voyageur. J'avais un frère appelé Sélim. Il fut blessé à la journée d'Ascalon, et mené captif à Jérusalem, où il abjura l'islamisme. De retour en Arabie, il cessa de prier avec nous, et il me dit des choses merveilleuses du Dieu des chrétiens. Son éloignement de la prière publique parut étrange. Les chefs de la tribu l'interrogèrent; il avoua qu'il adorait Jésus. Sélim fut condamné à mourir. On l'étendit en forme de croix sur la terre, et l'on enfonça dans ses mains et ses pieds ces longs clous dont l'Arabe se sert pour fixer sa tente. Le pauvre crucifié demandait à boire durant sa cruelle agonie; plusieurs fois je m'approchai pour lui présenter un peu d'eau :

je fus toujours impitoyablement repoussée! A la fin, vaincue par les cris de la victime et la cruauté des bourreaux, je tombai évanouie. Quand je revins à moi, Sélim ne demandait plus à boire : un des guerriers lui avait plongé son cimeterre au cœur ! Personne ne voulut ensevelir le martyr; et, pour que son corps ne devînt pas la pâture des bêtes féroces, je fus contrainte de le charger sur mes épaules et de le cacher dans un antre de la montagne. Étranger, pardonne à mon frère, il a révélé ta foi! « Tebsima, disait-il avant de mourir, cher Tebsima, que n'ai-je eu ta prudence pour demeurer chrétien; j'aurais épargné un crime aux gens de ma tribu! » Les chefs, guidés par ces paroles, ont résolu ta mort. Quand tu auras repris ta course, et que la loi de l'hospitalité ne te protégera plus, ils doivent te ramener captif pour te crucifier. Je ne veux point que l'ami de mon frère périsse; je ne veux point que Sélim soit, même involontairement, cause de la mort d'un chrétien. Voyageur, hâte-toi de fuir, ta monture est prête; j'ai déposé sur ses épaules des outres pleines et des pains de froment.

— Sœur d'un martyr, j'ai pour ton âme l'intérêt que tu portes à ma vie. Viens avec moi à Jérusalem. Ta charité te rend digne d'être chrétienne.

— Depuis que j'ai entendu mon frère, depuis que je l'ai vu mourir, mon âme hésite entre l'Allah de Mahomet et le Dieu des chrétiens; mais je ne puis me résoudre à quitter ma famille et ma patrie. Tebsima, je reste près de la tombe de Sélim; pour toi, fuis pendant que tout dort.

— Femme, je ne m'éloignerai point que tu ne m'aies dit ton nom, afin que je puisse l'unir dans mes prières à celui de ma sœur.

— Je m'appelle Ouralda. Hâte-toi de fuir, l'aube va paraître.

« Mon père, dit Tebsima à frère Albéric, le nom de la sœur de Sélim signifie *Rose,* dans la langue arabe. Avec moi, demandez à Jésus qu'en récompense de sa charité cette Rose du désert s'épanouisse aux rayons du Soleil de justice.

— Je vous promets, répondit le religieux, de prier pour elle et Saraï.

— Je glisse furtivement de la tente, reprit le solitaire, je marche sans bruit; mais, au moment où je m'élance sur ma cavale, les chiens se précipitent autour de moi et aboient comme s'ils voulaient me dévorer. Mes hôtes accourent en jetant de grandes clameurs; ils me poursuivent; ma cavale m'emportait d'un pas rapide, et la nuit me protégeait de ses ombres.

J'errai pendant sept jours à travers des plages sablonneuses, n'osant plus demander un abri aux montagnes et l'hospitalité aux tribus. Tout me chassait de l'Arabie : les animaux et les hommes! »

Tebsima fut interrompu par trois jeunes gens qui entrèrent dans la grotte. Ils étaient partis depuis plusieurs jours pour battre le froment dans une bourgade voisine; ils venaient saluer en passant l'ermite de la montagne. Ils échangèrent quelques paroles avec lui, et s'éloignèrent en lui souhaitant bonne santé, longue et heureuse vie.

Le travail n'avait fait perdre à ces jeunes gens ni la vigueur du corps ni la gaieté de l'âme; ils descendirent la colline en courant, et chantèrent en traversant la forêt.

« O heureux enfants de la vallée, murmura l'exilé,

quand vous quittez vos chaumières, c'est seulement pour quelques jours, et en rentrant au foyer vous êtes accueillis par le sourire de votre père et les embrassements de vos sœurs! Votre vie est calme comme le ruisseau de la prairie; vous êtes robustes comme les chênes de vos coteaux! A votre dernier sommeil, vous dormirez près de vos champs, à côté de vos aïeux, et des parents et des amis viendront s'agenouiller sur votre tombe!

« Il n'en est point ainsi pour le fils d'Ibrahim : il est maudit de son père et chassé de sa patrie! il est seul et errant sur la terre! il meurt avant l'âge, et personne ne viendra prier sur sa tombe! »

Le religieux pressa Tebsima sur son cœur, et lui fit entendre de consolantes et chrétiennes paroles. Il ne le quitta qu'après avoir ramené un peu de sérénité dans son âme.

CHAPITRE VII

PÈLERINAGE AUX LIEUX-SAINTS

Frère Albéric avait laissé le solitaire sous une si pénible émotion, que dès le lendemain il revint le visiter.

Le trouvant calme, il le pria de continuer son récit.

« Quand j'arrivai à la grotte de Gethsémani, dit Tebsima, j'avais le corps brisé et le désespoir au cœur. Éphraïm me reçut avec la tendresse du vieux Tobie retrouvant son fils. Je lui racontai en sanglotant la réception qui m'avait été faite en Arabie.

« Console-toi, Tebsima, me dit-il, tu viens d'ouvrir dans l'âme d'Ibrahim et de Saraï le sillon où germera le froment de la divine parole.

— Mon père, lui répondis-je, ces âmes se sont impitoyablement fermées ; le froment germerait plutôt dans les sables du désert !

— Mon fils, quand on met le flambeau sous les yeux de l'homme qui est dans les ténèbres, sa main repousse tout d'abord la lumière qui l'éblouit. Il en est ainsi pour les âmes plongées dans les ombres de l'infidélité ; mais après ce premier mouvement, le calme se fait et la réflexion vient préparer le chemin

Le lac de Tibériade.

à la lumière. En ce moment où tu te lamentes, Ibrahim et Saraï se disent sans doute : « Pauvre Tebsima, comme il nous aime ! Il est venu de si loin, il a affronté tant de périls pour nous parler de son Dieu ! Avec quelle conviction il nous disait : J'ai trouvé le chemin du ciel, j'ai vu Jésus resplendissant de gloire sur l'autel des chrétiens ! N'avons-nous pas été cruels en le repoussant ? » Mon fils ! le sillon est ouvert, il faut y jeter la bonne semence de l'Évangile.

— Comment pourrais-je semer dans ces âmes ? Je suis condamné à vivre loin d'elles ! « Fuis l'Arabie, m'ont-elles dit, retourne en Occident. Va porter à travers les peuples la malédiction de ton père ! »

— Mon fils, la parole qui tombe des lèvres est fugitive ; souvent elle suscite des contradictions et des luttes ; mais, quand elle vient des régions lointaines, qu'elle est écrite avec amour, on la lit, on la lit encore, on la médite, et elle se grave profondément au cœur. Il faut écrire à Saraï : tu lui diras tout ce qui t'a frappé dans nos entretiens sur la montagne de Sion ; tu lui parleras avec le même accent que sous les palmiers de la fontaine. Écris, Tebsima, et Dieu fera le reste.

— Oui, j'écrirai à Saraï, et mes lettres lui seront portées par les caravanes qui vont de Jérusalem au pays de Saba.

— L'homme sème, reprit Éphraïm mais le Seigneur seul fait germer et mûrir. Mon fils, outre l'apostolat de la parole, il en est un autre plus fécond, c'est celui de la prière. Jésus ne convertit que quelques âmes par sa parole ; mais quand il fut monté sur la croix et qu'il eut prié, en offrant à son Père ses larmes et son sang, il attira tout à lui. Cet apostolat fut celui de la Vierge et de toutes les âmes avides de la gloire de Dieu. Tebsima, toute rédemption s'opère par la prière et la souffrance : en faveur de ceux que tu aimes il te faut embrasser une vie de prière et l'offrir en sacrifice. Fais-le, et tu les sauveras. »

Cette parole fut pour moi un trait de lumière. Je m'écriai : « Ah! mon père, je me voue de grand cœur à cet apostolat, dont j'ai expérimenté la puissance. C'est par lui que vous avez converti mon âme et mes compagnons de captivité.

— Pauvre enfant, ajouta le saint vieillard, comme tu es couvert de sueur et de poussière! Repose-toi; dans quelques jours nous commencerons cette vie de prière en allant ensemble, aux principaux sanctuaires de la Palestine, demander à Jésus et à Marie la conversion d'Ibrahim et de Saraï. »

En écoutant le solitaire, l'espérance était revenue dans mon âme; je me jetai dans ses bras, et je pleurai de joie, entrevoyant une lueur de salut pour le vieil émir et la fille du désert.

Deux jours après, je descendis à Jérusalem emprunter une cavale pour Éphraïm, et nous fîmes ensemble le pèlerinage aux Lieux-Saints.

« Veuillez, mon fils, dit frère Albéric, me décrire ces lieux si chers aux cœurs chrétiens : heureux les yeux qui ont vu et les pieds qui ont pressé la terre sanctifiée par la présence de Jésus.

— Je vous raconterai avec bonheur ce pèlerinage, l'une des pures jouissances de ma vie. »

Nous allâmes d'abord au désert où le Christ fut baptisé. L'aspect de cette solitude me causa l'émotion que réveille une autre terre natale : j'embrassai les saules témoins de mon baptême; je baisai le rocher où le Dieu de l'Eucharistie descendit pour moi. Agenouillé sur le bord du Jourdain, je conjurai le Sauveur de laisser tomber quelques gouttes d'eau baptismale sur le front d'Ibrahim, de Saraï et d'Ouraïda.

Nous allâmes prier sur la montagne de la Tentation, et nous passâmes la nuit dans la grotte où jeûna Jésus.

Pendant près de trois jours, nous remontâmes le cours du Jourdain. Ce fleuve, sorti du Liban, traverse le lac de Tibériade aux flots limpides, aux pittoresques rivages et si célèbre par la prédication et les miracles du Sauveur. Puis il parcourt la Palestine, et va se perdre dans la mer Morte. A la suite des pluies du printemps, le Jourdain est fougueux et franchit ses rives; lorsque nous le vîmes, ses eaux coulaient à l'ombre des roseaux et des saules dans un lit profondément encaissé. Éphraïm sut me rendre courtes ces heures de voyage; il me rappela les prodiges que le Seigneur accomplit là en faveur d'Israël, et il repeupla ces lieux de leurs anciens habitants: d'Élie, d'Élisée et des autres prophètes; de Jean-Baptiste, de Marie Égyptienne et des anciens solitaires. Hélas! que les temps sont changés! il n'y a plus maintenant sur ces bords que le souvenir de ces élus: les oiseaux du ciel et les flots du fleuve chantent seuls Dieu dans ces solitudes.

Nous quittâmes la rive du Jourdain pour nous diriger vers le Thabor. C'est une montagne isolée dans une vaste plaine; elle porte aux nues une couronne de vignes et d'oliviers; elle est belle entre tous les monts de la Palestine. Dieu l'a élevée comme un trône à la gloire de son Fils. Il nous fallut plusieurs heures pour gravir la pente qui conduit à son sommet. Cette colline ne ressemble nullement aux pâles coteaux de la Judée; elle est couverte de térébinthes, de lauriers-roses et de citronniers; les fleurs y répandent de suaves parfums ; les oiseaux y chantent de mélodieux refrains : le Christ, en parcourant cette montagne, a laissé la bénédiction sur ses pas.

Rien de grandiose comme le tableau qui se déroula devant nous quand nous fûmes arrivés au sommet du Thabor. Du côté du midi, nous voyions s'étendre à nos pieds la vallée du Jourdain, la plaine de Samarie et les campagnes de la Judée ; au septentrion, nos regards se reposaient tour à tour sur Nazareth, le Carmel, le lac de Tibériade, les champs de la Galilée et la chaîne du Liban. Ce paysage, éclairé par le soleil couchant, était splendide ; nous ne fîmes que lui donner un coup d'œil : nous étions venus en ce lieu chercher des émotions plus saintes.

Nous allâmes frapper à la porte du monastère ; les religieux nous accueillirent avec cordialité. Tandis que les frères abreuvaient nos cavales, le supérieur nous conduisit à la chapelle de la Transfiguration.

Nous montrant trois pavés de marbre à l'entrée de ce sanctuaire, il nous dit : « Pierre occupait cette place, entre les fils de Zébédée, quand, ébloui par la gloire dont rayonnait le divin Maître, il s'écria : « Seigneur, qu'il fait bon ici ! » Jésus a prié là où vous voyez cet autel ; et c'est pendant cette oraison que sa face devint resplendissante comme le soleil et ses vêtements plus blancs que la neige. Cette montagne a vu le Christ transfiguré ; l'Esprit-Saint l'a couverte de sa gloire ; le Tout-Puissant l'a fait tressaillir de sa parole. Regardez ce vitrail, où l'un de nos religieux a peint la Transfiguration : c'est en cet endroit que le Sauveur, revêtu de lumière, s'entretint avec Moïse et Élie du sacrifice qu'il allait consommer sur le Calvaire. »

A cet instant, un dernier rayon de soleil éclairait cette verrière et lui donnait l'éclat d'une vision céleste. A l'aspect de ce vitrail, et en entendant notre guide, il nous semblait assister à la glorieuse scène du Thabor : nous croyions voir la face rayonnante de l'Homme-Dieu et la nuée lumineuse, et les échos de la montagne paraissaient encore émus par la voix de l'Éternel.

Nous tombâmes prosternés dans l'adoration et la prière. Mes yeux se fixaient tour à tour sur le tabernacle où résidait Jésus et sur la verrière, dont les teintes allaient s'effaçant avec les lueurs du soir[1]. Je demandai au Père céleste une parole, au Fils un regard, au Saint-Esprit un rayon pour les âmes d'Ibrahim, de Saral et d'Ouralda.

Le lendemain, dès le matin, nous descendîmes à Nazareth, qui n'est qu'à trois lieues du Thabor. Par amour pour le Verbe incarné, nous fîmes à pied cette partie du pèlerinage. Notre marche était silencieuse et recueillie; nous cheminions en tenant le frein de nos coursiers.

Nous arrivâmes en face de la ville sainte. Elle est bâtie en gradins sur le versant d'une colline; ses petites maisons blanches sont jetées en groupes irréguliers à travers des massifs d'oliviers, de nopals et de sycomores.

Au sommet de cet amphithéâtre, contre les rochers de la montagne, on voit de chétives maisons; plusieurs sont en ruines : c'était la demeure des pauvres au temps de Jésus. C'est là que s'élève l'église de l'Incarnation, bâtie par la mère de Constantin. Ce temple est un des plus beaux de l'Orient; sa coupole d'azur, semée d'étoiles d'or, abrita l'humble maison de Marie et de Joseph.

---

[1] Aujourd'hui on ne voit plus sur le Thabor que les ruines du monastère de la Transfiguration.

Le palais où vécut Marie, l'héritière des rois de Juda, et où résida Jésus, le Fils de Dieu, est pauvre comme la dernière chaumière de vos campagnes; ses murailles sont d'un travail grossier; sa toiture est noircie par les siècles. On pénètre dans cette maison par une petite porte ouverte au midi, une étroite fenêtre percée au couchant y laisse tomber une religieuse clarté. C'est là que l'archange Gabriel annonça à la Vierge qu'elle était choisie entre toutes les femmes pour être la mère du Sauveur; c'est là que s'accomplit le mystère de l'Incarnation. Qu'il est doux de redire en ce lieu la salutation de l'ange et de remercier le Père céleste de nous avoir donné son Fils!

Au fond de cette cellule s'élève un autel où Éphraïm célébra le saint sacrifice pour obtenir la conversion d'Ibrahim et de Saraï. Je contemplai le Verbe de Dieu encore plus anéanti sous les voiles eucharistiques que dans l'Incarnation; et là, par la communion, je goûtai quelque chose des chastes délices qu'éprouva Marie quand le Christ descendit dans son sein.

La maison de Nazareth est telle que Jésus la quitta pour aller évangéliser le monde; on y voit l'armoire qui servait à la Vierge et le vase où l'Enfant-Dieu prenait sa nourriture. Cette cellule, comme l'urne qui a contenu des baumes précieux, exhale un parfum de pureté, d'humilité et de sainte pauvreté.

Celui qui n'a point visité ce sanctuaire ne comprendra jamais les émotions qu'éprouve l'âme en l'abordant: on ne se lasse point de toucher ce sol qui fut sanctifié par les pas et les travaux de Jésus, et de baiser ces murailles qui, pendant de longues années, entendirent les entretiens du Christ et de la Vierge et abritèrent leurs vertus[1]. Que Jésus, Marie et Joseph daignent exaucer les prières que je leur adressai en ce lieu en faveur du vieil émir de l'Arabie et des pauvres filles du désert, Saraï et Ouraïda!

A quelque distance de là jaillit du rocher une petite fontaine où la Vierge puisait l'eau nécessaire aux besoins de la sainte Famille. Nous bûmes à cette source, et Éphraïm me conduisit à la cime d'une roche escarpée au pied de laquelle le Cison roule ses ondes écumantes. Les Nazaréens, ne pouvant supporter la prédication de Jésus, voulurent un jour le précipiter dans cet abîme.

Partout j'ai trouvé les traces de la malice humaine à côté des monuments de la miséricorde divine : à Bethléhem, la chapelle des Saints-Innocents est près de l'étable où naquit le Sauveur; à Nazareth, le rocher du Cison s'élève au-dessus de la chaumière où il vécut, et à Jérusalem le Calvaire domine le Cénacle. Ces contrastes font aimer davantage l'ineffable bonté de Jésus.

Ce fut à regret que nous quittâmes Nazareth : notre départ eût été encore plus amer s'il n'eût été adouci par la pensée que nous allions à Bethléhem.

Cette ville est à environ trente-deux lieues de là. Nous suivîmes le chemin que prirent Marie et Joseph, se rendant à l'étable où Dieu avait fixé la naissance de son Fils. Dans notre course, nous vîmes Naïm, aux portes de laquelle Jésus ressuscita le fils

---

[1] On vénère maintenant cette sainte maison à Lorette, en Italie. Le 10 mai 1291, elle disparut de Nazareth et fut miraculeusement transportée à Tersatz en Dalmatie. Le 10 décembre 1294, elle fut de là transférée dans une forêt proche de Recanati. Huit mois plus tard, elle passa sur le champ des frères Renaldi de Antiquis; elle le quitta quatre mois après, pour se fixer au lieu où on la voit aujourd'hui. Le grave et savant Benoît XIV déclare inattaquable le fait de la translation miraculeuse de la Santa Casa de Lorette.

de la veuve; Sichem et le puits de Jacob, témoins de la conversion de la Samaritaine. Après avoir bu à cette source, où se désaltéra le Christ, nous continuâmes notre route à travers les vertes plaines de la Samarie.

En entrant dans la Judée proprement dite, la campagne change d'aspect; elle devient nue et stérile; les villages sont rares, et l'on marche de solitude en solitude. La vue de ces déserts jette l'âme dans une sorte d'épouvante : on sent que l'on foule un sol maudit qui reçut en vain la rosée du ciel, dévora les prophètes et but le sang de l'Homme-Dieu. Néanmoins, en parcourant ces plaines arides, mille émotions vous montent au cœur; chaque torrent murmure un souvenir; l'écho de chaque montagne redit un prodige; chaque bourgade rappelle un mystère. C'est là véritablement la Terre-Sainte, elle est toute remplie de la mémoire du Christ.

Nous vîmes passer successivement devant nous la montagne où il prononça le sermon des béatitudes; Emmaüs, où les disciples le reconnurent à la fraction du pain, et Bethanie, où il ressuscita Lazare. Laissant Jérusalem, nous franchîmes le Cédron, et, suivant la vallée de Raphaïm, nous arrivâmes au mont Élie, ainsi appelé en souvenir du prophète, qui venait là pleurer sur Jérusalem.

Sur ces hauteurs, je respirai un instant l'air venu de mon pays, et je contemplai à l'horizon les montagnes de l'Arabie, dont la chaîne bleuâtre s'étend des bords de la mer Rouge aux profondeurs du désert.

Éphraïm s'arrêta tout à coup au bord d'une vallée semée d'oliviers, et, me montrant dans le lointain une petite ville gracieusement assise sur une colline rougeâtre, il s'écria : « Voilà Bethléhem! » Aussitôt nos fronts se découvrirent, nous descendîmes de nos cavales, et nous continuâmes notre pèlerinage la tête nue et les pieds dans la poussière.

A l'Orient de Bethléhem s'élève une église dédiée aux Mages : là, une étoile de marbre indique le point où s'arrêta l'astre miraculeux. Ce temple est le parvis où l'âme se recueille avant de visiter le sanctuaire de la Crèche. Nous nous agenouillâmes à l'autel des Mages, demandant à Dieu la foi et l'amour qu'ils portèrent au berceau de Jésus.

Nous descendîmes ensuite quelques degrés qui nous conduisirent à une église souterraine : là brillent plusieurs lampes, là fume le plus pur encens. Nous nous prosternâmes : nous étions parvenus au lieu trois fois saint où est né le Sauveur. C'est une grotte assez spacieuse, taillée dans le roc et revêtue de marbres précieux.

Après un instant de muette adoration, le solitaire me lut les pages de l'Évangile qui racontent les mystères accomplis en ce lieu. « Voici, me dit-il, la place où la Vierge enfanta Jésus. » Et il me montra sur le sol une table de marbre blanc incrusté de jaspe et d'un soleil d'argent. « C'est dans cet enfoncement de rocher, ajouta-t-il, que reposait la crèche où fut couché l'Enfant-Dieu. Marie était assise où est cet autel, lorsqu'elle présenta son Fils aux adorations des bergers et des rois. »

Quand mon âme fut embaumée de ces divins souvenirs, Éphraïm offrit le saint sacrifice. Je crus alors assister aux mystères d'innocence et d'amour qui se sont passés dans cette grotte. J'avais devant moi le véritable enfant de la crèche, et les linges de l'autel me rappelaient les langes dont le revêtirent les mains virginales de sa mère. Jésus m'accueillit encore plus amoureusement que ses premiers visiteurs : par la communion il m'accorda plus qu'un regard et un sourire; je le touchai de mes lèvres, et je sentis son cœur battre sur mon cœur. Je lui dis : « Je suis du pays des Mages, ces rois étaient mes pères; en guise de la myrrhe et de l'encens, je vous offre une prière. Je vous en conjure, ô divin Enfant! ayez pitié d'Ibrahim, de Saraï et d'Ouralda, laissez tomber sur eux un regard pour les éclairer, une larme pour les purifier, un de vos sourires pour les consoler. »

Nous visitâmes encore la chapelle des Saints-Innocents, l'oratoire de saint Jérôme et la vallée où l'ange annonça aux bergers la naissance du Sauveur.

Puis nous reprimes le chemin de Jérusalem.

Pendant que nous visitions les sanctuaires de Bethléhem, une femme de cette ville attendait à la porte de la cellule du solitaire de Gethsémani. Elle demeura deux jours assise sur le seuil, s'abandonnant aux larmes et au désespoir. Pauvre femme, elle pleurait sa fille!

Cette enfant s'appelait Abigaïl; elle était belle et pure comme un ange; l'innocence et la candeur de son âme se reflétaient sur son front et ses joues rougissantes. Elle avait dans sa démarche, son regard, son sourire et tout son être quelque chose de céleste. Elle était par sa vertu et sa beauté la joie et l'orgueil de ses vieux parents.

Ce lis était dans tout l'éclat de sa floraison; cet ange était riche de tous les dons du ciel : Abigaïl venait de faire sa première communion. Les noces mystiques de cette jeune âme avaient eu un charme particulier; elles s'étaient accomplies à Bethléhem, à l'autel même de la Crèche.

Le lendemain de ce jour, Abigaïl, encore parée de sa robe blanche, de son voile de lin et de sa couronne de roses, quitta Bethléhem pour aller visiter la chapelle qui s'élève dans les champs où l'ange annonça aux pasteurs la naissance de l'Enfant-Dieu. En la voyant passer, accompagnée de son père et de sa mère, les Bethléhémites disaient : « Comme elle est belle! Heureux père! heureuse mère! »

Les pèlerins descendirent dans la vallée; ils prièrent longtemps dans la chapelle solitaire. Abigaïl surtout ne pouvait s'arracher de l'autel : une fille a tant à demander pour ses parents un lendemain de première communion !

En revenant à Bethléhem, le père et la mère d'Abigaïl cheminaient lentement dans la campagne : il faisait bon respirer l'air du soir, et la route paraissait sûre.

La jeune fille, ayant rejeté comme des ailes les plis de son voile sur ses épaules, errait à travers les champs : elle cueillait des fleurs.

Les pèlerins passèrent près d'un bois qui couvre la colline et avoisine le désert. Au bord du chemin, un laurier-rose étendait ses rameaux empourprés. La jeune fille s'y arrêta. Les parents marchaient toujours, pendant qu'elle moissonnait sa gerbe fleurie.

Tout à coup Abigaïl pousse ces cris de détresse : « Mon père! ma mère!... » Les malheureux parents se retournent : ils voient cinq Arabes se dresser autour de la jeune fille, la saisir et l'emporter sur leurs chevaux. L'enfant lutte contre ses ravisseurs; mais que peuvent ses faibles mains contre les bras de fer de ces brigands! Le père, la mère, accourent à ses cris; mais comment atteindre les coursiers rapides qui escaladent les rochers et traversent la forêt?

Quand les parents d'Abigaïl parvinrent à l'extrémité du bois, ils ramassèrent le voile de lin et la couronne de roses tombés du front de leur fille; ils entendirent un dernier cri et virent les ravisseurs disparaître avec la jeune vierge dans le désert.

Un lion aurait dévoré Abigaïl sous les yeux de son père et de sa mère, que leur douleur eût été moins vive; ils remplirent la montagne de leurs gémissements. La mère surtout jetait des hurlements de désespoir: à l'entendre, on l'eût prise pour l'inconsolable Rachel pleurant sur les hauteurs de Rama.

Nous étions sortis de Bethléhem depuis une heure, quand nous commençâmes à distinguer les cimes vénérées des Oliviers et du Calvaire; puis bientôt nous aperçûmes la ville sainte élevant majestueusement ses dômes et ses tours au milieu de la solitude. Éphraïm m'arrêta pour me faire remarquer du même point les trois grands monuments de la charité de Jésus: Bethléhem, le Cénacle et le Calvaire.

Quand nous approchâmes de la cellule de Gethsémani, la mère d'Abigaïl, ployant sous le faix de sa douleur, tomba aux pieds d'Éphraïm, baisant sa main, elle s'écria avec un ineffable accent de désolation: « Mon père!... mon père!... »

Le solitaire la fit asseoir sous le lierre qui ombrageait le seuil de sa demeure.

« Mon père, dit-elle d'une voix entrecoupée de sanglots, des Arabes ont enlevé ma fille, parée des vêtements de sa première communion. Ils ont emporté

Abigaïl dans le désert! Que deviendra cette brebis tombée dans la gueule des loups? Que deviendra cette jeune âme aux mains des infidèles? Je suis venue demander pour elle le secours de vos prières, tandis que mon époux est allé la réclamer aux tribus voisines de Bethléhem.

— Femme, répondit Éphraïm, console-toi; ta fille a dans les cieux un père et une mère qui l'aiment encore plus que toi et ton époux. Le Dieu qui a conservé pur Joseph en Égypte, qui a sauvé Daniel dans la fosse aux lions et les enfants dans la fournaise, veillera sur Abigaïl. Garde-toi surtout de murmurer contre le Seigneur : Abigaïl est peut-être un ange qu'il envoie dans le désert à des âmes qu'il veut sauver.

« Femme, nous aussi nous portons au cœur des plaies profondes. Ce jeune homme est chassé de son pays, et comme toi il tremble sur le salut d'âmes tendrement aimées. Pour moi, j'ai été captif comme ta fille, et à mon retour j'ai trouvé mon père et ma mère ensevelis sous les ruines de leur demeure.

« Allons ensemble à la grotte des Oliviers; allons au Calvaire unir nos douleurs à celles du Christ, et prier pour Abigaïl, Ibrahim et Saraï. »

Le solitaire nous conduisit au jardin des Olives, dont il s'était constitué le gardien depuis près de soixante ans. Ce jardin, le plus saint de la terre, est d'une forme presque carrée; son sol est aride et d'une teinte sombre et rougeâtre; ses arbres, les plus vénérables du monde, sont contemporains du Sauveur : c'est sous leurs rameaux qu'il aimait à prier et qu'il plaça la première scène de sa passion.

Après avoir fait quelques pas, nous nous arrêtâmes

devant une roche qui s'élève un peu au-dessus du sol. « C'est sur cette pierre, nous dit Éphraïm, que le Christ fit entendre ce cri plein d'angoisse : « Mon « âme est triste jusqu'à la mort, » et qu'il recommanda aux trois apôtres de veiller et de prier. Agenouillons-nous sur ce rocher, et demandons à Dieu l'esprit de vigilance et de prière. »

Ayant achevé notre oraison, nous nous dirigeâmes vers un petit monticule qui ferme le jardin du côté du septentrion. Nous descendîmes quelques degrés taillés dans le flanc de la montagne, et nous nous trouvâmes dans une grotte légèrement éclairée par une ouverture à la voûte. Là s'élève un autel ; je ne connais point de lieu plus favorable au recueillement et à la prière.

« Que sont nos douleurs, s'écria le solitaire, comparées à celles dont ce lieu fut le témoin ? Ici les crimes des hommes sont tombés sur Jésus comme des torrents ; la justice divine s'est appesantie sur lui comme une montagne ; son âme a été livrée à d'indicibles angoisses ; son cœur et son corps ont été comme le raisin foulé dans la cuve, comme la grappe broyée sous le pressoir. C'est ici la grotte de l'Agonie. »

Nous tombâmes à genoux ; nos yeux se fixèrent sur ce rocher qui avait entendu la longue et douloureuse prière du Christ, et nos lèvres se collèrent sur cette terre qui avait reçu ses larmes et qui avait bu ses sueurs mêlées de sang. Là j'unis le calice de mes peines à celui de Jésus.

Éphraïm nous conduisit ensuite à l'extrémité opposée du jardin ; on éprouve une secrète horreur en l'abordant : c'est le lieu où Judas trahit le divin Maître par un baiser.

Nous descendîmes la colline des Oliviers, et nous

L'église du Saint-Sépulcre.

traversâmes la vallée de Josaphat. Cette vallée est peuplée de tombeaux ; parmi ces sépulcres, le pèlerin rencontre une tombe qui est comme le lis au milieu des épines : c'est la tombe de Marie. Prosternés dans ce sépulcre, nous fîmes une prière sur la couche glorieuse où reposa un instant la mère de Jésus.

Arrivés à Jérusalem, nous suivîmes les traces du Christ en méditant les pages de son Évangile, que nous lisait Éphraïm. Nous visitâmes successivement la maison d'Anne, les palais de Caïphe et d'Hérode, et le prétoire où siégea Pilate. Nous vîmes la chapelle de la Flagellation et l'arcade du haut de laquelle l'Homme de douleurs, portant la couronne d'épines, le manteau d'ignominie et le sceptre de dérision, fut montré par Pilate à l'implacable Jérusalem.

Nous gravîmes ensuite la voie douloureuse que suivit le Sauveur allant au Calvaire. Une chapelle indique le lieu où Marie rencontra son fils chargé de la croix. Dans ce sanctuaire, la désolation de la mère d'Abigaïl fut expansive et déchirante. « Marie, criait-elle, ayez pitié de moi ! Je suis mère, et comme vous j'ai vu mon enfant aux mains des méchants ! Vous avez pu suivre Jésus au Golgotha ; mais moi, j'ai laissé Abigaïl aller seule au désert ! Vous êtes aussi la mère de cette jeune fille, le Christ mourant vous confia tous les hommes ! de grâce, remplacez-moi près d'elle sous la tente de l'Arabe ! » — Nous fûmes longtemps avant de pouvoir arracher cette femme des pieds de la Vierge. « Laissez-moi ! disait-elle, laissez-moi ! la mère d'Abigaïl a tant à dire à la Mère de douleurs ! »

En cheminant, le solitaire nous fit remarquer le lieu où Simon de Cyrène aida Jésus à porter la croix, et la maison d'où la Véronique sortit pour essuyer la face du Sauveur.

Nous arrivâmes au Golgotha : c'est un petit monticule sur lequel est bâtie l'église du Saint-Sépulcre. Une antique tradition y place la sépulture d'Adam. C'est là l'autel que Dieu choisit pour le sacrifice de la Rédemption.

Chaque pas que l'on fait sur cette montagne rappelle une circonstance de la grande immolation : en abordant son sommet, on trouve le lieu où Jésus tomba une dernière fois; plus loin on voit celui où il fut dépouillé de ses vêtements; à quelques pas de là on foule la terre qu'il rougit de son sang quand il fut cloué sur la croix; enfin, à la cime du Golgotha, on remarque dans le rocher la place où fut planté l'arbre de la Rédemption.

Éphraïm nous indiqua, d'après les traditions chrétiennes, l'attitude du divin Crucifié : il avait la face tournée vers l'Occident ; l'ingrate Jérusalem était derrière lui ; Madeleine pleurait à ses pieds ; la Vierge et le disciple bien-aimé se tenaient debout à côté de sa croix. Une fente profonde dans le rocher rappelle le tremblement de terre qui ébranla le monde lorsque Jésus rendit le dernier soupir.

Le solitaire nous lut dans l'Évangile les derniers moments du Christ. Je ne puis vous dire l'émotion que causent les paroles que le Sauveur laissa tomber du haut de la croix et le cri qu'il jeta en expirant, quand on les entend sur le Calvaire. Là, pour adorer et remercier Jésus, on voudrait avoir le cœur de Marie, la tendresse de Jean et les larmes de Madeleine.

Je fis de ce rocher l'autel de mon sacrifice. Je dis à l'Homme-Dieu : « Sauvez Ibrahim, Saraï et Ouraïda !

je vous en conjure par votre croix et votre sang. Je m'offre à mon tour comme victime pour le salut de ces âmes. Abreuvez-moi de votre calice! Mettez votre couronne d'épines sur mon front! Que la douleur transperce mon âme comme les clous qui traversèrent vos pieds et vos mains, comme la lance qui ouvrit votre côté! Que la mort me frappe avant le temps! Exaucez ma prière et agréez mon sacrifice. »

Pendant que je priais de la sorte, la mère d'Abigaïl remplissait le Calvaire de ses lamentations. Avec quel accent elle suppliait Marie de demander avec elle sa fille à Jésus! Avec quelle énergie elle conjurait le Sauveur de garder l'âme virginale d'Abigaïl! Tous ceux qui étaient là pleuraient. Jamais, je crois, depuis la scène du Golgotha, pareille douleur ne se fit entendre sur cette montagne.

En descendant la cime du Calvaire, on trouve la pierre de l'Onction : c'est sur ce rocher que Joseph d'Arimathie et Nicomède embaumèrent le corps de l'Homme-Dieu. Plus loin, on rencontre le saint sépulcre : c'est une cellule taillée dans le roc. La pierre qui servit de porte à ce glorieux tombeau est couchée sur le sol, telle que la jeta la main de l'ange au jour de la résurrection du Christ; elle est là près de ce sépulcre vide comme un impérissable témoin de la victoire de Jésus sur la mort et l'enfer [1].

Quand nous fûmes descendus du Calvaire, la mère d'Abigaïl s'agenouilla devant Éphraïm et lui demanda sa bénédiction. « Ma fille, dit le solitaire en étendant les mains sur elle, que le Dieu d'Abraham, d'Isaac et de Jacob te bénisse; qu'il garde Abigaïl pure comme

---

[1] Nous avons emprunté tous les détails sur les Lieux-Saints aux relations qui nous ont paru les plus fidèles.

le jeune Joseph, et qu'il te la rende pour assister ta vieillesse et te fermer les yeux à ton dernier sommeil! »

Cette femme se leva et prit en toute hâte le chemin de Bethléhem. En rentrant dans sa demeure elle trouva son époux qui venait de visiter les tribus arabes du voisinage. Il ne ramenait point sa fille : elle avait été emmenée au fond de l'Arabie. Plus tard, lorsque je quittai Jérusalem, Abigaïl n'était point encore rendue aux larmes de ses vieux parents.

Éphraïm s'appuya sur mon bras, et nous regagnâmes lentement la grotte de Gethsémani.

Pour obtenir la conversion d'Ibrahim et de Saraï, j'avais demandé des épreuves, elles vinrent bientôt, elles vinrent terribles. Il serait trop long de vous les raconter aujourd'hui. »

Frère Albéric remercia Tebsima de son récit, et s'éloigna.

CHAPITRE VIII

LES ÉPREUVES

Le ciel devint grisâtre. Des troupes d'oiseaux voyageurs fuyaient sous les nuages et annonçaient l'approche des frimas. Le souffle du nord remplissait les forêts de sourds et mélancoliques gémissements; d'épais brouillards étendaient un voile de deuil sur les campagnes : les beaux jours d'automne étaient finis.

Cette température froide et brumeuse faisait sentir sa mortelle influence à Tebsima comme à la feuille des bois. Le solitaire ne sortit plus de son rocher, et, sans la fumée qui s'élevait de sa grotte, on l'eût cru enseveli dans ce sépulcre.

Lorsqu'il était moins souffrant, son âme s'ouvrait à l'espérance; il rêvait de longs jours; sa parole devenait pleine d'abandon; quelquefois même elle était gaie, et ses lèvres, empreintes du sceau de la mort, exprimaient des projets d'avenir. Il était comme ces oiseaux du ciel qui chantent et se réjouissent à la vue du dernier rayon d'automne, comme si c'était le premier sourire du printemps.

Les illusions de Tebsima étaient courtes; la religion

qui éclairait son âme lui laissait ordinairement entrevoir sa fin prochaine. Il la voyait venir avec calme, et redoublait d'amour divin à son approche : sa vie était comme l'encens, elle embaumait en se consumant.

Frère Albéric profita d'un moment d'abandon du solitaire pour lui faire achever son récit.

« Pour obtenir la conversion d'Ibrahim et de Saral j'avais demandé sur le Calvaire des épreuves à Jésus, reprit Tebsima ; je vous le répète, elles vinrent bientôt, elles vinrent terribles !

A peine étais-je entré dans la grotte de Gethsémani, que je m'aperçus qu'Éphraïm était malade : les fatigues du pèlerinage et les ardeurs du soleil d'Orient avaient profondément altéré sa santé. Il essaya d'abord de me cacher la fièvre lente qui le dévorait. Je remarquais avec effroi qu'il prenait peu de nourriture, et qu'une pâleur mortelle se répandait sur ses traits. Un jour, célébrant les divins mystères dans la grotte de l'Agonie, il s'évanouit. Je le soutins entre mes bras ; il eut peine à achever le saint sacrifice et à regagner sa cellule.

« Tu le vois, Tebsima, me dit-il, Dieu m'appelle ; il faut nous quitter !

— Mon père, lui répondis-je, ne me laissez pas seul sur cette terre d'Asie ; j'ai besoin de vos conseils et de vos prières pour convertir Ibrahim et Saral.

— Il m'est pénible de te laisser ; mais telle est la volonté de Dieu. Écoute, mon fils. Quand tu m'auras fermé les yeux, retourne en France, ici tu ne trouverais personne qui voulût partager son pain avec toi ; et tu irais de nouveau en Arabie, où les musulmans l'égorgeraient. Alors que deviendrait ton œuvre, et qui serait l'apôtre d'Ibrahim et de Saraï?

— Mon père, si je vais en Occident, je ne pourrai travailler au salut de ceux que j'aime et faire parvenir mes lettres au désert.

— Entre la France et Jérusalem les communications sont fréquentes; chaque jour il arrive ici quelque pèlerin de cette contrée. Sire Guillaume a laissé dans la ville sainte un prêtre bourguignon appelé frère Robert; cet homme de Dieu sera heureux de s'associer à ton apostolat et d'envoyer en Arabie les lettres que tu adresseras à ton père et à ta sœur.

— O mon Père, qu'il me coûte de quitter Jérusalem! qu'il me coûte de dire un éternel adieu à Ibrahim, à Saraï et à mon Arabie! Comment vivre sans voir dans le lointain les montagnes de mon pays?

— Mon enfant, je te le dis dans ton intérêt, retourne au château de Marigny : car je connais ton cœur, il t'entraînerait au désert, et tu y serais égorgé. Fais ce sacrifice pour l'amour de Jésus et par obéissance pour moi. »

En achevant ces mots, il se jeta dans mes bras et me pressa sur sa poitrine.

Je lui répondis : « Je ne puis rien refuser à mon Sauveur. Je ne puis rien refuser au solitaire de Gethsémani. Mon père, puisque vous le voulez, je dis adieu pour toujours à mon Arabie, et je vous promets de quitter Jérusalem et de reprendre le chemin de l'exil. »

Le lendemain, Éphraïm me dit: « Tebsima, soutiens-moi pour que j'aille prier une dernière fois à la grotte de l'Agonie. »

Je le soutins, mais il ne put marcher.

« Mon fils, murmura-t-il, porte-moi au jardin des Olives. »

L'ayant chargé sur mes épaules, je l'emportai vers la sainte montagne. Je tombai de fatigue à l'entrée du jardin. Je déposai le malade sur la terre, et je pleurai. Lui pleurait aussi en voyant couler mes larmes. Après avoir respiré un moment, je repris mon doux fardeau, et je le portai dans la grotte de l'Agonie. Là j'étendis mon manteau sur le sol, et je couchai le solitaire.

« Mon fils, me dit-il, je sens venir la mort ; cours à Jérusalem réclamer pour moi au patriarche l'onction des malades et le Viatique des mourants. Va prévenir de ma fin prochaine Saïd et les Arabes convertis. »

J'avertis mes frères dans la foi.

Le pontife, portant deux vases d'or où étaient l'huile sainte et l'Eucharistie, monta en grande hâte à la grotte des Oliviers. Je le suivis, tenant une torche allumée. Quand nous arrivâmes, Éphraïm, environné des Arabes chrétiens, était assis, appuyé contre l'autel : il avait la majesté de Jacob mourant entouré de sa famille.

Quand il eut reçu le divin Viatique, ses forces se ranimèrent. Il nous fit ses dernières recommandations : il y avait tant de sagesse dans ses discours, que Jésus, descendu dans son cœur, semblait nous parler. Il nous donna le baiser d'adieu, et, élevant sur nos têtes ses mains tremblantes, il nous bénit. Que cette bénédiction efface l'anathème que jeta sur moi le vieil Ibrahim !

« Mon père, dit-il au pontife, je vous remercie des grâces dont vous venez d'enrichir mon âme. Laissez-moi vous adresser une dernière prière : j'ai vécu en gardant le jardin des Olives, ordonnez que je repose après ma mort au seuil de la grotte de l'Agonie. Il me sera doux de dormir au sein de cette terre que Jésus sanctifia de sa sueur sanglante, et au jour de la résurrection je serai heureux de me réveiller au poste que Dieu m'avait assigné pendant la vie.

— Solitaire de Gethsémani, répondit l'évêque, votre dernière volonté sera religieusement accomplie : la faveur que vous désirez sera loin d'acquitter la dette de Jérusalem ; car, je le sais, Sion vous doit en partie sa délivrance. Il y a dix ans, Pierre l'Ermite vous visita ; vous avez prié ensemble dans ce sanctuaire. Après avoir raconté nos maux à l'éloquent pèlerin, vous l'avez conjuré d'aller les redire au pontife de Rome et d'unir ses efforts à ceux du vicaire de Jésus-Christ pour soulever la chrétienté et affranchir la Terre-Sainte. Pierre, animé par votre parole et soutenu par vos prières, a rempli sa mission : six ans plus tard, il entrait victorieusement à Jérusalem avec Godefroy et ses soldats.

— En ceci, comme en tout le reste, mon vénéré père, je n'ai jamais été que le serviteur inutile. C'est Dieu qui a délivré Sion ; rendons à lui seul honneur et gloire ! »

Agenouillés aux côtés d'Éphraïm et formant sa couronne, nous lui dîmes à notre tour : « Non, vous n'avez point été le serviteur inutile ; nous vous devons la foi, et vous nous avez mis sur le chemin du ciel.

— Enfants, répondit-il, si j'ai fait quelque bien à vos âmes, recommandez à cette heure la mienne à Jésus. »

Souvent, aux approches de la mort, l'âme se remplit de terreur ; il n'en fut point ainsi pour le solitaire ; sa fin fut sereine comme le soir d'un beau jour. Il était recueilli dans la méditation et la prière ; ses lèvres étaient souriantes, et son visage était empreint de calme et de majesté : il semblait entrevoir la céleste aurore se levant à l'horizon.

Tout à coup les forces du mourant faiblirent; sa vie terrestre devint vacillante comme la lampe qui va s'éteindre. « Enfants, murmura-t-il, adieu, le Seigneur m'appelle... Demeurez fidèles à Jésus; il est si doux de mourir quand on l'a servi!... Adieu, Tebsima, adieu, mon fils, je me souviendrai d'Ibrahim et de Saraï!... »

Je saisis la main glacée d'Éphraïm; je la portai à mes lèvres; je la serrai avec force, comme si j'avais pu, par cette étreinte, retenir son âme sur la terre. « Mon père, lui disais-je, ne m'abandonnez point!... Si vous me quittez, qui m'aidera dans la conversion de mon père et de ma sœur?

« Celui-ci!... » soupira-t-il en m'indiquant du regard le crucifix qui reposait sur sa poitrine. Il le baisa et expira en le remettant entre mes mains.

«Voici, dit Tebsima, la croix du solitaire de Gethsémani; je la garde comme une relique ; elle est faite d'une branche d'olivier cueillie dans le jardin de l'Agonie; elle a été consacrée par les prières et les baisers d'un saint. » Il tira cette croix de dessous son manteau, et pendant qu'il la baisa une larme tomba sur la face du Christ.

« Nous creusâmes la fosse d'Éphraïm à l'entrée de la grotte de l'Agonie, continua le frère de Saraï; il a pour tombe la dernière marche qui conduit à ce sanctuaire. Paix et éternelle bénédiction au solitaire des Oliviers!

Saïd et les autres Arabes convertis retournèrent à

Jérusalem; je demeurai seul en face de ce tombeau. J'y restai sept jours, priant et pleurant. Je le quittais seulement pour aller prendre un peu de nourriture dans la grotte de Gethsémani; cette cellule déserte me contristait encore plus que le sépulcre d'Éphraïm.

Sur la tombe du solitaire j'écrivis une longue lettre à Saraï. Je redisais à cette sœur aimée tout ce que j'avais recueilli de plus convaincant dans les instructions de mon vénéré maître. Je le redisais avec un cœur si ému, que je ne pouvais contenir mes larmes en écrivant. Quand cette lettre fut composée, je la déposai sur l'autel où Éphraïm offrait le divin sacrifice, et je conjurai le Seigneur de bénir le message que j'envoyais à la fille du désert.

J'allai trouver frère Robert; c'était bien le religieux qu'Éphraïm m'avait dépeint : un saint prêtre plein de zèle pour la gloire de Dieu et le salut des hommes. Il me reçut avec cordialité et se chargea de faire parvenir à Saraï, par des marchands qui voyagent en Arabie, ma lettre et toutes celles que je lui adresserais.

Je me rendis ensuite à l'un des ports de la Judée, afin de m'embarquer pour la France. Un navire, partant dans quelques jours, devait faire voile pour Marseille. Je n'avais plus toutes les pièces d'or que j'avais reçues de Guillaume, je les avais semées dans ma route, en visitant l'Arabie et les sanctuaires de la Palestine. J'offris au maître du navire le peu qui me restait; il se chargea de me transporter en France, mais sans ma cavale. Je ne pouvais quitter cette fidèle et inséparable amie; je le suppliai : il fut inflexible.

Je revins à la grotte de l'Agonie; je me jetai sur la tombe d'Éphraïm et j'appelai le solitaire : l'écho du rocher répondit seul à mes cris.

Le jour marqué pour le départ du navire arrivait, je ne voulais point laisser échapper cette occasion ; j'allai encore trouver frère Robert pour recevoir de lui une consolation ou un avis. Je lui exposai ma peine.

« Mon frère, dit-il en souriant, j'ai cinq pièces d'or, destinées à payer plus tard mon passage en France, recevez-les pour solder le transport de votre monture ; si un jour Dieu veut que je revoie la terre natale, il pourvoira à mon retour. »

Comme j'hésitais à accepter cette héroïque aumône, il ajouta : « Recevez ces pièces d'or ; maintenant elles me sont inutiles. Prenez-les ; il est plus doux de donner que de recevoir. »

Par reconnaissance, j'offris à frère Robert le livre d'heures d'Éphraïm. « A Dieu ne plaise, s'écria-t-il, que je dépouille l'enfant de l'héritage de son père ! » M'embrassant par deux fois, il murmura ces paroles : « Mon frère, en retour de ces pièces d'or vous rendrez ce double baiser à ma vieille mère. Dites-lui combien je l'aime, et combien je prie pour elle sur cette terre lointaine. »

En achevant ces mots, des larmes roulaient dans ses yeux.

Je pressai la main de frère Robert et je partis.

Ce second départ de l'Asie me fut peut-être encore plus pénible que le premier ; je laissais à Jérusalem une tombe de plus ; Ibrahim et Saral étaient toujours au désert, et un vœu irrévocable m'éloignait de l'Arabie. Je m'assis sur le pont du navire, et je pleurai en voyant fuir le rivage.

Ma cavale semblait comprendre et partager ma douleur ; sa tête était mélancoliquement penchée sur la mienne. Ah ! pauvre amie, nous avions raison d'être tristes, nous voguions vers d'autres malheurs !

En arrivant en Bourgogne, j'allai trouver la mère de frère Robert; je l'embrassai, et je lui parlai du saint prêtre de Jérusalem. Cette femme, en recevant des nouvelles de son fils, fut aussi heureuse que je l'avais été moi-même en acceptant les cinq pièces d'or.

A mon retour au château de Marigny, sire Guillaume et Mathilde m'accueillirent comme un frère; les serviteurs accoururent au-devant de moi, comme si j'avais été leur maître; la petite Marie se suspendit à mon manteau et baisa mes mains, comme si j'avais été son père.

Je fus conduit dans la salle d'honneur; tous se réunirent autour de moi et me prièrent de raconter mon voyage. Plusieurs fois, pendant mon récit, leurs yeux se remplirent de larmes. Ils poussèrent un cri de joie quand je leur annonçai qu'un vœu irrévocable me fixait en Bourgogne.

Quelques jours après mon arrivée, je vis de brillants cavaliers qui chevauchaient dans le vallon. Qu'est-ce que ces chevaliers? dis-je au sire de Marigny.

— C'est monseigneur Hugues[1], répondit-il, et les hauts barons de Bourgogne, que j'ai invités à fêter avec moi le retour du jeune émir. Tebsima, demain nous allons, en ton honneur, chasser le cerf dans les forêts de la baronnie. Réjouissons-nous, mon frère, la journée sera belle, le ciel est rouge au couchant ce soir. »

---

[1] Hugues, duc de Bourgogne, surnommé *le Pacifique*. Il ne s'occupa, pendant un règne de quarante ans, qu'à faire fleurir la paix et la justice dans ses États. Il mourut en 1142, à l'âge de soixante-cinq ans.

Je me jetai entre les bras du noble seigneur, et je l'embrassai. Nous ne pensions guère que ce jour, pour lequel il me promettait tant de joie, serait un des plus néfastes de mon exil.

Le lendemain, dès que l'aurore empourpre le ciel, Guillaume, debout sur la tour la plus élevée, sonne avec le cor la ballade de Saint-Hubert. A ce signal les chiens aboient, les chevaux hennissent, et les piqueurs, revêtus de leur costume de chasse, sellent les destriers.

Le baron, en sa qualité de connétable, retient par le frein le coursier de monseigneur de Bourgogne. Le duc s'élance sur son cheval; les hauts barons l'entourent. Guillaume se place sur son grand destrier, et je serre les rênes de mon intrépide cavale.

Le cor sonne une seconde fois : Mathilde sort de sa tourelle et s'assied sur son cheval blanc. « Madame, dit en souriant le duc, la brise est fraîche, le ciel est pur, la journée sera bonne. »

Le cor sonne une troisième fois, on part. Les limiers sont lancés dans le grand bois, et les chasseurs se dispersent.

Longtemps les chiens parcourent muets la forêt sauvage. Tout à coup ils aboient dans le lointain, et les piqueurs s'écrient : « Hourra! hourra! un cerf, une biche et ses faons! »

J'entends les rameaux des arbres se briser, et un grand bruit se dirige vers moi. Bientôt je vois bondir à mes pieds un cerf magnifique. Pour ne pas gêner sa course, son bois est abaissé sur ses épaules, et, le nez au vent, il fuit comme un trait devant les limiers.

Après avoir erré plus de six heures à travers la forêt, il s'élance dans la campagne; les chiens le suivent. Haletant de chaleur et de fatigue, il se précipite dans un étang et nage à travers les joncs et les roseaux.

Il regagne la forêt pour y chercher un refuge. Épuisé, il s'arrête au pied d'un grand chêne. Son bois se dresse terrible; des larmes de désespoir coulent de ses yeux; les chiens rassemblés aboient autour de lui; malheur à l'imprudent qui l'approche! le pied du cerf tombe sur sa tête comme une masse d'armes.

Guillaume sonne du cor : les chasseurs se réunissent pour porter le coup de grâce à ce vieux roi des bois.

Mathilde tire sa dague, fait passer son cheval près du cerf, et, profondément penchée, elle essaye de le frapper au cœur. Mais sa main a tremblé, et le fer s'est émoussé sur un os.

L'animal se dresse furieux. La meute le presse vivement; elle est devenue plus ardente par le sang qui coule. Le cheval fuit épouvanté; le cerf bondit au-dessus des limiers et poursuit la châtelaine.

Le péril était grand; mais ma cavale était là!

Je la lance à la suite du cerf furieux, et, au moment où il va désarçonner la cavalière éperdue, il reçoit dans le poitrail ma dague jusqu'à la garde. Il s'arrête comme frappé de la foudre, jette un long bramement et laisse tomber sa tête comme pour mourir; mais il la relève aussitôt par un suprême effort, et enfonce son bois dans les flancs de ma cavale.

Elle se cabre haut; elle frappe l'air de ses pieds et retombe violemment en arrière.

Jeté contre un arbre, je tombai sans connaissance à côté d'elle. Quand je repris mes sens, je vis Mathilde essuyer de son voile ma bouche sanglante, et Guillaume me laver les tempes et le front avec de l'eau puisée dans son casque à une source voisine.

Les premières paroles que je pus prononcer furent pour demander ma cavale. On ne me répondit point!

Je regardai près de moi; je vis qu'elle se mourait. Je ne m'occupai point du sang que je vomissais; me traînant jusqu'à elle, je cherchai uniquement à arrêter le sien. Mes efforts furent inutiles!...

Je mettais sa tête sur mon sein, en disant : « Relève-toi, fidèle amie, viens au désert, Saraï tressera encore ta luisante crinière. Allons nous reposer à l'ombre des palmiers et sous l'arbre de l'encens. »

Ses forces s'épuisaient avec son sang. « Il faut donc te voir mourir! » lui dis-je en l'embrassant. Son œil se rouvrit et s'arrêta tristement sur moi; il brillait d'un vif éclat; c'était le dernier adieu de cette pauvre amie; soudain sa paupière se referma pour toujours.

Je devins immobile de douleur. Mon regard, fixe comme celui d'un insensé, s'arrêta sur la terre. Mon cœur semblait prêt à se briser, et cependant mes yeux étaient secs; une larme aurait été un baume à ma douleur, et je ne pus la trouver.

Mon père, vous vous étonnez sans doute d'un pareil chagrin dans une âme chrétienne? L'Arabe est ainsi fait; il chérit son coursier comme son meilleur ami.

Ma cavale était digne de regrets. Elle était de pur sang, de noble race, et plus légère que la chevrette de vos montagnes. Elle coûta les bracelets de ma mère et les larmes de Saraï. Nous avions grandi ensemble au milieu des sables de l'Arabie.

Elle fut ma compagne dans les combat : quand

sonnait la trompette, quand retentissait la voix des guerriers, ses fiers hennissements jetaient l'épouvante; elle marchait droit à l'encontre des hommes d'armes et m'emportait au fort de la mêlée; là son poitrail me servait de bouclier, et son pied martelait l'ennemi que j'abattais devant elle.

Elle me suivit sur la terre étrangère. Dans mes heures d'ennui, nous allions ensemble courir à travers les vallées et les montagnes; et quand je m'asseyais triste et rêveur au détour d'un sentier, sa tête se penchait sur la mienne, et son œil morne et humide semblait pleurer sur moi.

Quand les aspirations vers la terre natale s'élevèrent dans mon âme, elle me reporta en Arabie, sous la tente d'Ibrahim et de Saral. Elle fut mon salut dans ce périlleux voyage : elle adoucit mes fatigues; elle m'éveilla dans la caverne du lion et me sauva des mains cruelles prêtes à verser mon sang.

Jugez, mon père, s'il m'était permis de regretter cette compagne, qui avait partagé avec moi les joies et les tristesses de la patrie, les dangers des combats et les peines de l'exil?

Touchés de mon malheur, Guillaume et Mathilde donnèrent le nom de *Fontaine-Cheval* à la source près de laquelle tomba et fut ensevelie ma cavale [1]. Je leur suis reconnaissant de cette ingénieuse pensée qui immortalise ma fidèle amie.

Depuis, je n'ai point oublié ma chère compagne, et je suis allé plusieurs fois pleurer sur sa tombe.

---

[1] Cette source garde encore aujourd'hui le nom de *Fontaine-Cheval*. Elle jaillit dans un bois de la Bussière-sur-Ouche, à environ cinq kilomètres des ruines du château de Marigny. Elle se perd dans le ruisseau de Larvot, au pré de l'Étang, qui doit son nom à un ancien étang dont on remarque encore la digue.

Pardonnez, mon père, ces larmes à un Arabe chassé du désert !

La violence de ma chute, la mort de ma cavale, la froide température de l'Occident et un nouveau malheur déterminèrent la maladie qui me conduit au tombeau.

Au sein de l'exil, j'avais une suprême consolation : c'était la Sainte-Larme. La chapelle où reposait la divine relique devint pour moi une oasis sur la terre étrangère. Toutes mes affections se concentrèrent dans ce lieu, et les heures que je passais là, près du tabernacle, étaient plus douces que sous les tentes de l'Arabie.

Il y avait pour moi et la chapelle de Marigny un jour solennel dans l'année, c'était la troisième fête de la Pentecôte. Dans ce jour, la Sainte-Larme était exposée à la vénération des fidèles, et tout regard pouvait contempler la précieuse goutte de sang dans son calice de cristal.

L'un de ces jours touchait à sa fin ; le soleil venait de disparaître derrière les grands chênes de la forêt ; les fidèles s'éloignaient du lieu saint. Je vis sur le chemin du château venir un jeune page.

Il était monté sur une mule noire ; un petit manteau flottait à ses épaules ; une lourde épée pendait à son côté ; une toque de velours, ornée d'une plume ondoyante, reposait sur sa chevelure. Tout dans son costume était noir ; mais son âme était plus noire encore.

« Je viens, me dit-il, prier pour ma mère malade. »

Je saisis sa mule par le frein, et je voulus la conduire à l'étable. — « Laisse-la, reprit-il, j'ai juré qu'elle ne verrait point la crèche, et que je ne recevrais point l'hospitalité avant d'avoir accompli le vœu que j'ai fait à la Sainte-Larme. »

Il attacha la mule à la grande porte du château et me suivit au pied de l'autel. Après avoir prié un instant avec lui, je me retirai pour lui préparer cordiale réception.

Tout à coup j'entendis hennir la mule, et j'aperçus le page emportant le saint calice. Désespéré, je saisis mon cimeterre et je me lançai à la poursuite du ravisseur.

Sa mule était vive et légère; des étincelles jaillissaient sous ses pieds, et elle galopait rapidement à travers les broussailles et les rochers.

« Par monseigneur saint Maurice, patron de la chapelle de Marigny, arrête-toi ! » criai-je au jeune page.

Il ne fit qu'éperonner plus vivement sa monture. Déjà il était loin et allait disparaître dans l'épaisseur du grand bois; sa cavale escaladait les roches avec l'agilité du chevreuil.

Alors je m'écriai : « Noire cavale, au nom du sang de Jésus, arrête-toi ! »

Aussitôt la mule demeure immobile sur un roc qui domine un abîme dont l'œil mesure la profondeur avec effroi.

Vainement le page laboure de ses éperons les flancs de la cavale, elle demeure fixée sur le roc comme si elle eût été de bronze.

Quand j'eus rejoint le ravisseur, il dit :

« Laisse-moi emporter ce calice; je l'ai promis à ma mère pour enrichir sa chapelle.

— Rends-moi la Sainte-Larme, lui répondis-je.

— Prends plutôt ces trente pièces d'or.

— Me crois-tu cupide comme Judas pour vendre

le sang de mon Dieu? Encore une fois, rends-moi la Sainte-Larme!

— Puisque je ne puis garder le calice de cristal, qu'il soit à jamais perdu pour la chapelle de Marigny. »

En achevant ces mots, il lance le saint calice dans l'abîme ; et, s'armant de sa lourde épée, il essaye de me frapper. Je détourne les coups de mon agresseur, et j'enfonce la pointe de mon cimeterre dans les naseaux de la mule. Elle bondit; la cavale et le cavalier roulent dans l'abîme.

Quand j'abaissai les yeux, je vis au-dessous de moi le plus affreux spectacle : la tête du page avait frappé sur la pointe d'un rocher, et sa cervelle s'était répandue fumante autour de lui; il était tellement défiguré, que sa mère elle-même ne l'eût point reconnu.

Hors de moi, je brisai mon cimeterre et je le jetai dans l'abîme, en m'écriant : « Page sacrilège, je ne désirais point ta mort, je ne voulais que la Sainte-Larme ; mais puisque tu as profané le sang de Jésus et attenté à mes jours, que ton sang retombe sur ta tête! »

Je descendis en pleurant chercher le saint calice. Il s'était brisé sur un roc, au pied d'un églantier qui ombrageait un petit bassin de granit dans lequel une eau limpide tombait goutte à goutte comme des larmes.

Je distinguai au fond du bassin le débris de cristal sur lequel était attachée la précieuse goutte de sang. Je me hâtai de le saisir : aussitôt que ma main l'eut touché, la Sainte-Larme, se détachant, s'éleva à la surface de l'eau, s'étendit et disparut!

Depuis ce moment, la petite source du bois de

Marigny s'appelle *Fontaine de Sainte-Larme*[1]. Ce nom lui convient admirablement; car le rocher verse une eau si lente et si pure, qu'il semble éternellement pleurer sur le sacrilège commis.

Ce lieu est devenu pour moi un pèlerinage; souvent j'y vais prier. Je baise la pierre sur laquelle se brisa le calice, et mon regard reste longtemps fixé sur le bassin où je vis pour la dernière fois la Sainte-Larme. L'églantier de cette fontaine m'est plus cher que les arbres de mon Arabie; j'aime par-dessus toutes les fleurs ses roses empourprées que l'on dirait teintes de sang. J'ai souvent trouvé, au bord des chemins, d'autres rosiers sauvages : les abeilles y bourdonnaient, le papillon, étendant ses ailes diaprées sur les églantines épanouies, buvait la rosée dans leur coupe de carmin ; ces arbrisseaux ne disaient rien à mon âme, tandis que pour elle l'arbuste de la fontaine de Sainte-Larme exhale un religieux parfum.

Pour obtenir la conversion d'Ibrahim et de Saraï, j'avais demandé, sur le Calvaire, à Jésus sa couronne d'épines; déjà j'avais ressenti l'impression de ce douloureux diadème au trépas d'Éphraïm et à la mort de ma cavale; mais elle fut bien autrement vive après la profanation de la Sainte-Larme.

Je crus que pour moi il n'y avait plus de joie sur la terre après la perte de cette goutte du précieux sang qui me consolait dans l'exil, et me rappelait le jour béni où l'aurore de la foi se leva sur mon âme. Je fus si désenchanté de la vie, qu'il m'eût été doux de mourir.

[1] Cette fontaine coule à peu de distance du château de Marigny.

Je devins plus rêveur ; je fuyais la société des hommes ; je n'étais bien que quand je me trouvais seul. Enfermé dans ma cellule, accoudé sur la fenêtre, je passais des heures à suivre du regard l'oiseau errant dans l'espace ou les nuages glissant sur le ciel.

Descendu dans la vallée, je m'appuyais contre un saule au bord de l'Ouche, et je demeurais de longs instants à considérer le cours de l'eau : un rameau d'arbre, une feuille emportés par le courant, un roseau, un brin d'herbe battus continuellement par le flot de la rive suffisaient pour me rendre plus triste.

Tout devenait un aliment à ma rêverie : retiré au fond des bois, il ne fallait que le son des cloches, le cri plaintif de la grive, le roucoulement du ramier, une fleur penchée sur sa tige, un rayon du soleil couchant à travers le feuillage pour me plonger dans une profonde mélancolie.

— Mon fils, interrompit frère Albéric, avez-vous conservé longtemps cette tristesse, qui est ruineuse pour la santé et malsaine pour l'âme? Ce n'est point pour nous asseoir et rêver que le Seigneur nous a placés sur cette terre; mais c'est pour nous acheminer vers le ciel en portant courageusement notre croix.

— Cette maladie dura trois mois. Vous avez raison de dire que la rêverie n'est point bonne à l'âme; elle l'énerve, elle la tue. Je compris moi-même combien était funeste cet état, et un jour je me dis : « Il te faudra rendre compte à Dieu d'une parole inutile; que sera-ce de tant de journées empoisonnées par le deuil et perdues pour le ciel? Souffrons, ô mon âme, plus utilement; unissons-nous à Jésus sur la croix, et revenons à nos habitudes de travail et de prière. » Je suivis cette inspiration, et je sentis renaître mon courage. Mon âme, qui était languissante, devint, une fois qu'elle se fut unie à la croix, forte comme le lierre attaché au grand chêne : en s'élevant vers les cieux, elle retrouva la rosée et le soleil qui lui manquaient.

— C'est peut-être à la suite de la perte de la Sainte-Larme que, laissant le château de Marigny, vous vous êtes réfugié dans cette grotte ?

— Oui, mon père. Après ce nouveau malheur, j'étais comme la lampe qui brûle près de l'autel, je ne pouvais plus vivre que dans la retraite ; puis j'avais besoin du calme de la solitude pour me vouer pleinement au salut d'Ibrahim et de Saraï. L'événement le plus simple acheva de déterminer ma vocation à la vie érémitique.

Gérard d'Antigny, l'un des barons qui avaient assisté à la chasse du cerf, fit, quelques mois après mon retour, le pèlerinage de Jérusalem. Il se chargea des lettres que j'adressais à frère Robert. Je le priai de se souvenir de moi à la grotte de l'Agonie et au sépulcre du Sauveur. Il me promit d'aller à Bethléhem demander si Abigaïl était retrouvée. En le voyant partir, j'eus la pensée de le suivre et d'aller habiter la cellule de l'ermite de Gethsémani. Je repoussai cette pensée, qui violait mon vœu ; mais ce fut pour moi un trait de lumière, et dès lors je cherchai une grotte dans le voisinage de Marigny.

Un jour que je me promenais, mûrissant mes projets de retraite, j'arrivai dans l'endroit le plus solitaire de la forêt. Ayant heurté le pied d'une vigne sauvage, je vis sortir une biche de dessous un rocher. Je détournai le feuillage, je découvris une caverne. L'accès en était facile; j'y entrai. Cette grotte était large, profonde et abritée des vents du nord; sa température était douce. Je m'assis au seuil de cette demeure, réfléchissant si je ne devais pas m'y fixer.

Pendant ma méditation, je distinguai le bruit d'une fontaine; j'y dirigeai mes pas. Une cascade tombait du rocher; son eau limpide, après avoir coulé un instant sur un lit de sable, se perdait sous terre.

Heureux comme si j'avais découvert un nouveau monde, je tombai à genoux en m'écriant : « Mon Dieu, je vous remercie de m'avoir préparé cette demeure. Voici la terre de mes désirs et le lieu de mon repos! »

Le sire de Marigny, objectant mon état maladif, repoussa d'abord mon projet de retraite; mais voyant que les bruits, les fêtes et les chasses du château ne me plaisaient point, il finit par céder à mes instances. Il créa lui-même cet ermitage.

Il manquait à cette cellule un foyer, ce doux ami du malade, cette aimable compagnie du solitaire; il fit tailler dans le roc celui que vous voyez. Pour me rappeler que ce lieu devait être un sanctuaire, il éleva cet autel au fond de la grotte, et il y plaça cette statue de la Vierge. Il fit défricher par ses serviteurs un coin de la forêt et en forma un jardin. Il traça les deux allées qui aboutissent, l'une au sentier de Marigny, et l'autre à la source du rocher. Lui-même a planté le chèvrefeuille, les lilas et les rosiers qui parent ma solitude au printemps.

Le jour où je pris possession de cet ermitage fut pour moi une fête. C'était un dimanche après l'office du soir; le chapelain, me faisant agenouiller, en présence des vassaux de la baronnie, devant le tabernacle de la chapelle de Marigny, appela sur moi l'Esprit-Saint; il me bénit en me mettant sous le patronage de saint Paul, premier ermite, et de saint Antoine, le père des solitaires; puis, me donnant le crucifix que vous voyez sur cet autel, il commença les litanies des saints et me conduisit processionnellement à ma nouvelle demeure. Il bénit ma grotte et ma fontaine. Il supplia le Seigneur de visiter ma cellule et d'y envoyer ses anges pour résider avec moi.

Avant que la procession reprît sa marche à travers la forêt, Guillaume me dit en m'embrassant : « Mon frère, je te laisse dans le lieu que tu as choisi; puisse-t-il te consoler de la perte de ta patrie! Adieu! ermite du rocher, prie pour nous et sois heureux ! »

« J'espère, dit frère Albéric, que vous ne devez plus regretter le désert. Où trouver dans vos sables une oasis délicieuse comme celle-ci ?

— Ce lieu est beau, reprit le solitaire en soupirant; mais il lui manquera toujours le soleil de l'Arabie, Ibrahim et Saraï. J'affectionne cette retraite; mais ma pensée et mon cœur sont toujours au désert. Pendant le jour, mon âme suit la course errante du vieil émir et de sa fille, et la nuit elle s'arrête sous leur tente. Celui dont ils maudissent l'ingratitude ne les quitte jamais; quand ils sont endormis, il veille agenouillé, appelant sur eux les clartés et les bénédictions du Ciel.

— Mon fils, ayez confiance; il est impossible que des âmes qui ont coûté tant de larmes, de veilles et de prières périssent. Dieu les sauvera, dût-il leur envoyer un ange au désert.

— Voyez comme on croit facilement ce que l'on espère : il y a quelques jours, ayant prié une partie de la nuit, je tombai de lassitude et de sommeil. Je vis en songe mon père doucement endormi; une croix lumineuse était empreinte sur son front, et ma sœur, vêtue de noir, murmurait près de lui les noms de Jésus et de Marie. Je m'éveillai content comme si le Seigneur eût exaucé mes prières; et depuis j'attends avec impatience Gérard d'Antigny, comme s'il devait m'apporter d'heureuses nouvelles.

— Dieu a voulu sans doute, par cette vision, vous donner le pressentiment d'une faveur dont il vous réserve la claire vue dans le ciel. Ne voyez-vous personne dans cette solitude?

— Je ne vis point entièrement séparé des hommes : aux jours de dimanche et de fête, j'assiste avec le peuple aux offices divins dans la chapelle de Marigny, et chaque semaine Guillaume m'apporte le pain et les fruits qui composent ma nourriture, et l'huile qui alimente ma lampe. Autrefois Mathilde, accompagnée de la petite Marie, accomplissait cet acte de charité; mais, depuis quelques mois, je la vois rarement, et quand elle vient, elle est seule! et je ne trouve plus sur le sentier de Marigny ces rameaux brisés, ces fleurs effeuillées que laissait tomber la main de l'enfant ! »

En achevant ces mots, l'émotion étouffa la voix du fils d'Ibrahim.

La visite de la petite Marie, reprit Tebsima après un moment de silence, était une des joies de ma solitude. Que j'aimais à voir cette enfant courir à travers les fleurs de mon jardin!... Parée de sa robe de lin et de ses cheveux blonds, elle était belle comme le lis avec sa tunique blanche et ses fils d'or. Pauvre petite fleur de la montagne, tu n'as vécu qu'un matin!...

C'était par une journée du printemps dernier, Marie, en s'éveillant, se plaignit d'une cruelle douleur de tête. Mathilde prit sa fille sur ses genoux et appuya son front contre son visage. L'enfant criait, et la mère pleurait. Le mal augmentait toujours. Tout à coup Marie jeta un grand cri, ses petites mains se crispèrent et son corps se détendit : elle était morte !

Mathilde la laissa tomber sur sa couche; Guillaume accourut; tous deux se précipitèrent sur le berceau. Ils regardaient l'enfant, ils la baisaient au front, ils lui donnaient les noms les plus tendres. Ils ne pouvaient croire à son trépas; ils l'appelaient, ils lui demandaient une parole, un regard, un sourire. Ils passèrent ainsi une partie du jour; mais Marie ne se réveilla plus !

A midi, j'entendis sonner la cloche de la chapelle; le soir, je l'entendis encore. « Qui est mort au château? me demandai-je. Est-ce un des serviteurs ou un des hommes d'armes? Prions pour cette âme. » Et je priai.

Je ne puis vous dire quel écho de mort ce glas funèbre réveilla dans mon âme : « Bientôt, me disais-je, cette cloche sonnera pour moi!... » Je me couchai en proie à de pénibles réflexions, et toute la nuit la fièvre m'agita.

Dès que le soleil dora le sommet des rochers et la cime des chênes, j'allai m'asseoir près de ma fontaine. La matinée était riche de lumière et de verdure. Un vent frais venu de la forêt m'apportait à la fois le murmure des arbres, les sifflements du merle et l'odeur printanière des fleurs et du feuillage. Je me sentais revivre en respirant la brise des bois; je croyais renaître avec cette nature pleine de jeunesse et de fraîcheur. Le calme revint dans mon âme, et ma voix s'unit à celle des oiseaux pour prier.

La cloche me rappela à mes lugubres pensées; elle pleurait quand tout chantait autour de moi, le vent, les arbres, le rossignol, les fauvettes et le ruisseau. Ah! la mort est toujours triste; mais elle le paraît plus encore quand le soleil rit dans les cieux, que l'alouette et la caille chantent dans les blés et que les fleurs ondulent dans la prairie.

Mathilde sortit du sentier; elle était seule et vêtue de noir. Elle se plaça près de moi, sur cette pierre où vous vous êtes assis lors de notre première entrevue. Elle demeura silencieuse : le glas funèbre la plongeait dans une sorte d'agonie. Je compris la cause de son deuil en ne voyant point Marie. Je n'osais parler, craignant de briser davantage ce cœur mortellement blessé.

En face de nous s'élevait, au-dessus du petit gouffre où se perd le ruisseau de la fontaine, un buisson d'aubépine en fleur. Dans ses rameaux, un rossignol avait déposé son nid. Sa bégayante famille, la tête levée et le bec ouvert, demandait sa pâture du matin. L'oiseau, après avoir distribué à chacun de ses petits sa part de mil et de vermisseaux, se plaça à l'extrémité d'une branche et se mit à chanter avec la joie d'une jeune mère assise près d'un berceau.

« Mon Dieu, s'écria Mathilde, témoin de cette scène, pourquoi suis-je plus malheureuse que l'oiseau des bois? Vous m'aviez donné cinq fils, beaux comme des chérubins; j'ai eu à peine le temps de les embrasser : vous me les avez repris avant qu'ils eussent connu leur mère! Il me restait Marie, et Marie vient de suivre ses frères!... »

En entendant ces paroles, je sanglotai. Je pleurais; mais Mathilde avait toujours l'œil sec, malgré son immense douleur. Je ne m'en étonnai point, je savais qu'on pouvait être triste jusqu'à la mort et cependant ne pas pleurer.

J'essayai de consoler cette mère désolée : « Mathilde, lui dis-je, vous demandez à Dieu pourquoi vous n'êtes plus mère; n'entendez-vous pas Jésus vous répondre du haut du ciel :

« Tu n'es plus mère parce que j'aime ta fille plus que tu ne l'aimes toi-même. Je l'ai chérie, comme je chérissais ses frères; je l'ai vue parée d'innocence, et je lui ai dit : Viens à moi, c'est aux petits enfants qui te ressemblent qu'appartient le royaume des cieux.

« Tu te lamentes sur le trépas de Marie; sache-le, ce que sur la terre vous appelez mourir, est pour l'enfant le passage à la vie. L'œil de l'homme n'a rien vu, son oreille n'a rien entendu, son cœur n'a rien goûté qui soit comparable aux délices que je réserve aux âmes que j'emmène au ciel.

« Pourquoi es-tu triste? Regrettes-tu que le pèlerinage de Marie ait été court dans la vallée de larmes, et qu'elle n'ait point porté la croix et la couronne d'épines? Regrettes-tu que le souffle impur du monde n'ait pas terni la candeur de son âme ?

« Mathilde, cesse de gémir sur Marie, elle n'a connu de la terre que ce qu'elle a de plus doux : le sourire d'un père et les baisers d'une mère. Cesse de redemander tes fils; ils sont au ciel avec leur sœur, où tu les retrouveras pour ne plus les quitter. En vérité, je te le dis, la mort des petits enfants est une fête qu'il faut célébrer, comme mon Église, avec des vêtements blancs, des chants d'allégresse, des parfums et des fleurs. »

Ces paroles, mises sur les lèvres de Jésus, attendrirent cette femme; elle versa quelques larmes. « Je te remercie, dit-elle, tu m'as fait pleurer, et cela m'a fait du bien; mais ma douleur est de celles qui ne se consolent point. Viens célébrer avec nous les funérailles de Marie. »

Je suivis la baronne. Arrivé dans la grande salle du château, j'embrassai une dernière fois la petite Marie en lui disant adieu. Elle était parée de ses habits de fête; son front et ses mains portaient des couronnes d'aubépine; elle reposait dans son cercueil, souriante comme si elle eût dormi dans un berceau. Quelques gouttes d'eau bénite, tombées sur son visage et ses vêtements, brillaient comme une rosée céleste. Le cercueil se ferma et disparut sous une nappe de lin.

La cloche du beffroi sonna, et une longue file de prêtres et de jeunes filles vint chercher l'enfant et la conduisit à la chapelle. Si les cris de la châtelaine, les gémissements du baron, les larmes de l'assemblée ne se fussent mêlés aux saints cantiques, on eût pris ce blanc cortège de prêtres et de jeunes filles pour une troupe d'anges et de vierges venus du ciel chercher leur sœur.

Pendant le chant des psaumes, le caveau de la chapelle s'ouvrit, et Marie y fut descendue pour dormir à côté de ses pères et de ses frères. A l'ouverture de cette tombe, les deuils anciens se joignirent aux douleurs présentes pour accabler Mathilde; elle chancela, et on l'emporta évanouie.

Avant que le sépulcre se fermât sur l'enfant, les jeunes filles en pleurs entourèrent ce tombeau et y jetèrent des couronnes de roses et de marguerites.

Voilà le dernier événement de ma vie; vous le voyez, il est douloureux comme le reste. On dirait que mon affection porte malheur à tout ce que j'aime! Mon Dieu, je ne me plains point de ces épreuves, je vous les ai demandées. Seulement recevez-les pour la conversion d'Ibrahim et de Saraï, et accordez-moi, avant de mourir, de voir se lever sur ces âmes l'aurore de la foi.

Mon père, ajouta le solitaire, je vous ai livré les souvenirs de ma vie; veuillez, en retour, ne pas oublier à l'autel Tebsima, Ibrahim, Saraï, Ouraïda et Abigaïl.

— Mon fils, répondit frère Albéric, maintenant que je connais vos infortunes, je vous promets, chaque fois que j'élèverai vers Dieu le calice du salut, de me souvenir de l'exilé du désert et de ceux qu'il aime. Pardonnez-moi de vous avoir imposé de pénibles émotions et les fatigues d'un long récit.

— O mon père, ne me demandez point pardon; ces épanchements ont été si doux, qu'ils me semblent avoir allégé mon cœur. »

La nuit était venue. Frère Albéric ouvrit la porte de l'ermitage pour s'éloigner. Tebsima, le retenant sur le seuil, lui dit : « Quoique je n'aie plus rien à vous raconter, revenez bientôt; votre présence m'est si utile! Revenez, le pèlerinage de Gérard d'Antigny doit toucher à sa fin; le jeune seigneur a dû s'embarquer avant la saison des tempêtes; il nous apportera d'Orient sans doute des nouvelles de ceux qui nous sont chers. Pour moi, vous ne m'attendrez qu'après la saison des neiges. J'irai vous visiter dans les premières journées du printemps; je porterai à l'autel de la Vierge du monastère les violettes de mon jardin et le muguet des bois.

— Mon fils, j'ai trouvé trop de charmes dans nos premiers entretiens pour ne pas revenir souvent. Rentrez, l'air est froid. Adieu. »

Immobile sur le seuil de sa grotte, le solitaire suivit du regard son hôte qui s'éloignait; et quand il eut disparu dans la forêt, il écouta quelque temps encore le bruit des feuilles sèches qu'il traînait sous ses pas.

Rentré dans sa cellule, Tebsima éprouva une toux si violente, qu'il retira ensanglanté le mouchoir qu'il avait approché de sa bouche. Ces gouttes de sang l'avertissaient qu'il avait trop promis en disant : « Attendez-moi après la saison des neiges, j'irai vous visiter dans les premières journées du printemps. »

CHAPITRE IX

SŒUR SARA

Frère Albéric, fidèle à l'invitation du solitaire, revint souvent à l'ermitage. Dans ses visites, il remarquait avec effroi les progrès de la maladie, il voyait Tebsima pâlir et se dessécher comme un arbre atteint au cœur, dont les feuilles jaunissent et les rameaux se meurent.

Un jour qu'il s'acheminait vers la grotte, il rencontra dans le sentier de la forêt Guillaume et Mathilde. Ils étaient accompagnés d'un étranger qui portait la panetière et le bourdon du pèlerin.

Les voyageurs échangèrent en s'abordant un cordial salut. « Mon père, dit la châtelaine, Dieu nous condamne à de rudes épreuves; hier il nous enlevait notre bonne petite Marie, et demain il nous demandera notre frère Tebsima. »

En proférant ces mots, des larmes lui vinrent aux yeux.

« Ma fille, répondit frère Albéric, ne pleurons pas ces morts; heureux ceux qui s'endorment ainsi dans le Seigneur, ils échangent les tristesses de la terre pour les joies du paradis.

— Mon père, dit à son tour le baron, ce chevalier qui arrive de la Palestine apporte au solitaire d'émouvantes nouvelles; est-ce prudent de les lui communiquer?

— Jeune seigneur, reprit le moine en s'adressant au pèlerin, si vous êtes chargé d'un funeste message, gardez le silence près de la couche de Tebsima; n'ajoutez point aux douleurs de la maladie et aux angoisses d'une fin prochaine. Au contraire, si vous apportez d'heureuses nouvelles, parlez.

— Mon père, je suis chargé d'un heureux message.

— S'il en est ainsi, mon fils, parlez; mais que ce soit avec prudence, préparant notre ami aux bonnes nouvelles que vous venez lui annoncer; dans l'état de faiblesse où il se trouve, une joie trop subite et trop vive lui serait mortelle. »

Ils arrivèrent à la grotte. Le solitaire était étendu sur sa couche; voyant entrer le pèlerin, il s'écria: « Salut! sire Gérard. Ah! combien votre visite m'est douce! » Il salua les autres visiteurs et les fit asseoir sur des escabelles de chêne. Il pria frère Albéric de ranimer le feu, qui s'était éteint dans le foyer.

Aussitôt que la flamme pétilla dans l'âtre, le religieux vint s'asseoir près du malade; lui prenant la main, il dit: « Mon fils, votre santé est-elle meilleure?

— Mon père, je m'en vais rapidement comme le voyageur qui hâte le pas à l'approche de sa demeure.

— Les bonnes nouvelles que sire Gérard nous apporte d'Orient vont vous ranimer, comme le feraient les brises de votre Arabie.

— Votre pèlerinage a-t-il été heureux? dit le solitaire au chevalier.

— Oui, Tebsima, très heureux.

— Avez-vous vu frère Robert?

— Ce saint prêtre m'a fait visiter dans toutes ses parties la mosquée d'Omar, dont il est le chapelain.

— Qu'est devenue la célèbre mosquée?

— Ce lieu, qui fut un champ de carnage lors de la prise de Jérusalem, est maintenant l'asile de la charité; c'est un Hôtel-Dieu dédié à Notre-Dame Consolatrice. Là, j'ai trouvé une femme qui vous aime profondément.

— J'ai laissé en Asie une femme qui m'aime, dit en soupirant Tebsima; mais elle n'est point à Jérusalem, elle habite les solitudes de l'Arabie : Sara! Sara!...

— Laissez-moi raconter ma visite à la mosquée d'Omar; elle ne sera pas sans intérêt pour vous.

— Dites, sire Gérard.

— Frère Robert, reprit le pèlerin, me conduisait à la mosquée, au soleil levant. Nous pénétrâmes dans un vaste jardin; ses murailles étaient tapissées de vignes et de rosiers; ses carrés étaient pleins de fleurs. On y voyait des balançoires immobiles sous des palmiers; des boules et des palets gisaient à l'ombre de grands cèdres. Une fontaine jaillissait au milieu de cet Éden; elle élevait dans les airs une immense gerbe d'eau qui, en retombant, se changeait en une pluie de perles, de diamants, de rubis, de topazes et de saphirs.

« Une multitude de petits enfants se lavaient les mains et le visage autour de son bassin; ils étaient vifs et éveillés comme des passereaux; leurs vêtements étaient blancs comme la neige.

— Qu'est-ce que ces enfants ? dis-je au chapelain.

— Ce sont les orphelins dont les parents ont péri lors de la prise de Jérusalem.

— Pauvres petits! vous êtes si gais, et cependant vous n'avez plus de mères.

— Vous vous trompez, Dieu leur a donné la plus dévouée des mères. Regardez-la immobile sous ce portique, d'où ses regards couvent sa bruyante famille. »

Je vis entre deux colonnes, sous un arceau de voûte, une vierge vêtue d'un voile de lin et d'une longue robe bleue; son maintien était plein de noblesse et de simplicité; son teint était légèrement basané, comme celui des Orientaux; ses yeux noirs s'unissaient à des lèvres de carmin pour former le plus doux des sourires; elle offrait dans tout son être un mélange de grâce, de bonté et de candeur.

« Enfants, s'écria-t-elle, venez, voici l'heure de la prière. » Aussitôt la troupe charmante accourut près d'elle, comme des poussins qui se précipitent sous les ailes de leur mère. Parmi ces enfants, les uns prenaient les mains de la religieuse; d'autres se cachaient dans les plis de son voile; les plus grands baisaient la croix qui brillait sur sa poitrine, et les plus petits lui tendaient les bras en murmurant : « Mère! mère! »

La religieuse entra avec sa famille dans le parvis de la mosquée. « Suivons les petits enfants, dit frère Robert, il fait bon prier avec eux. »

Nous nous agenouillâmes dans une grande salle, devant un groupe de marbre représentant Jésus entouré d'enfants : la place de cette statue est merveilleusement choisie; ce Christ étend les mains sur les orphelins de la mosquée, et sa bouche semble les bénir. La prière fut suivie d'un cantique; les petits enfants étaient pieux et recueillis comme des anges; la religieuse priait et chantait comme un séraphin. Je ne puis vous dire combien je fus touché de cette scène.

Les orphelins, après avoir prié, s'assirent sur des nattes autour de la salle. La religieuse passa devant eux, portant une corbeille remplie de petits pains, de dattes, de figues et d'oranges; chacun des convives reçut, avec sa part, une caresse, un sourire ou une de ces paroles dont les mères ont le secret. »

Ce récit réveilla dans l'âme de Tebsima ses souvenirs d'enfance; il lui semblait respirer l'atmosphère de ses jeunes années: il détourna la tête pour cacher une larme. « En vérité, dit-il, cette femme a le visage, la voix et le cœur de Saraï; mais ce n'est point elle; je l'ai laissée si loin de Jérusalem!...

— En sortant de cette salle, continua le pèlerin, je ne pus m'empêcher de dire à mon guide :

« Heureux les enfants réfugiés dans cet asile! ils ont trouvé ici plus qu'une mère.

— Cette femme qui vous a paru si admirable dans la prière, répondit frère Robert, ne l'est pas moins lorsque, avec une angélique patience, elle instruit les orphelins, ou que, se faisant enfant, elle joue avec eux sous les grands arbres.

— Où a-t-elle puisé tant de tendresse, elle qui n'est point mère ?

— Suivez-moi, je vais vous conduire à la source vive où s'alimente sa charité. »

Nous parcourûmes un champ couvert de hautes herbes et planté de cyprès; il servait de sépulture aux orphelins et aux pauvres. La croix étendait sur leurs fosses son ombre tutélaire, et des colombes qui avaient placé leur nid dans un minaret voisin gémissaient près de ces morts oubliés.

Au fond de ce cimetière, la mosquée avec ses colonnes de marbre, ses hauts minarets et son grand dôme, offrait la façade la plus majestueuse. « Entrons, me dit frère Robert, nous sommes à la porte de la chapelle de Notre-Dame Consolatrice. »

Je ne me lassais point d'admirer la beauté intérieure de ce sanctuaire, ses richesses et sa capricieuse architecture. Le prêtre m'interrompit, disant : « Mon frère, je vous ai promis de vous montrer la source vive où la mère de nos orphelins puise sa tendresse. La voilà ! » s'écria-t-il ; et du doigt il m'indiqua le tabernacle.

« Continuons, ajouta-t-il, de visiter la mosquée. »

Il me conduisit dans une grande cour pleine d'ombre et de soleil; des convalescents s'y promenaient sous des oliviers et des sycomores. Nous entrâmes dans une vaste salle remplie de malades et de mourants. Ces malheureux gisaient sur des nattes, livrés à de cruelles souffrances. Dieu leur avait envoyé de grands maux; mais, en retour, il leur avait donné des anges pour les secourir. La femme que j'avais vue entourée des petits enfants était venue là; elle surpassait en charité ses héroïques compagnes. Elle avait le privilège de panser les plaies les plus hideuses, les ulcères les plus infects; ses pleurs tombaient sur eux comme un baume, et plusieurs fois je la vis, sans qu'elle s'en aperçût, y porter les lèvres : elle vénérait dans ces ulcères les plaies de Jésus.

« Cette hospitalière, me dit frère Robert, a guéri des blessures plus incurables que celles que touchent ses mains. Naguère la plupart de ces malades étaient musulmans; la charité chrétienne n'amollissait point leur cœur, et ma parole ne pouvait percer les ténèbres de leur esprit : dès qu'ils virent à leurs pieds la fille convertie d'un des grands émirs de l'Orient, tous embrassèrent le christianisme.

— L'hospitalière, s'écria Tebsima, est, dites-vous, la fille de l'un des plus grands émirs de l'Orient ?

— Oui, mon frère.

— Ma sœur aussi est d'illustre origine, et son âme est riche de compassion et de dévouement : si le baptême eût lavé son front, si l'Eucharistie fût descendue dans son cœur, elle serait héroïque comme la femme de la mosquée. Mais, hélas! ce n'est point Saraï, je l'ai laissée en Arabie!

— Frère Robert, reprit Gérard, m'introduisait ensuite dans un jardin clos de hautes murailles comme une prison. Des hommes le parcouraient languissamment; à notre approche ils se voilaient le visage et s'éloignaient. Là, les fleurs étaient belles et les eaux étaient pures; je me penchai pour cueillir une rose. « Ne touchez pas ces fleurs, me cria mon guide; elles sont cultivées par des lépreux. Voici devant nous la demeure de ces infortunés; personne n'ose en franchir le seuil. La fille de l'émir visite seule avec moi ce périlleux séjour. Jeune seigneur, si vous vous en sentez le courage, nous y entrerons ensemble; mais auparavant ayez soin de cacher vos mains dans les plis de votre manteau, et gardez-vous, en parcourant la léproserie, de toucher aux objets qui servent à ses habitants. »

En pénétrant dans cette salle, je fus suffoqué par une odeur pestilentielle, et mon cœur se souleva à la vue de ces hommes livrés à la pourriture et aux vers avant d'être descendus dans la tombe. La lèpre avait envahi tout leur corps; elle rongeait leur visage et couvrait leurs membres d'ulcères.

La sublime hospitalière vint dans ce morne séjour; elle ouvrit les fenêtres pour y faire pénétrer le souffle du matin, et elle purifia l'air en jetant de la myrrhe et de l'aloès dans des cassolettes ardentes. S'agenouillant près de chaque lépreux, elle pansa leurs plaies et leur lava les pieds, les mains et le visage. Elle déposa sur la natte de chacun un vase d'eau, un pain blanc et des fruits. En soignant les corps elle n'oubliait pas les âmes : elle leur parlait de Dieu et de l'éternité, et leur montrait tour à tour la croix et le ciel. Elle faisait tout cela avec une grâce parfaite, avec des lèvres souriantes et un cœur plein de compassion.

Pour me soustraire à l'air empoisonné de la léproserie, le chapelain m'avait fait placer dans une embrasure de fenêtre. Saisi d'admiration à la vue de la charité de cette religieuse, je dis à mon guide : « Mon père, racontez-moi ce que vous savez sur cette femme, qui est tout à la fois la mère des orphelins, la consolatrice des malades et la servante des lépreux. »

Frère Robert me répondit : « Il y a environ un an, une femme, dont le teint était brûlé par le soleil et les pieds étaient meurtris par un long voyage, s'agenouilla devant moi. « Prêtre de Jésus, dit-elle, je sais que tu es le père des musulmans convertis; je viens te demander à la fois le baptême et l'honneur de servir les orphelins et les malades dans la mosquée.

— Femme, crois-tu en Jésus-Christ?

— Mon père, ton Dieu s'est révélé à moi dans le

désert, et je suis accourue des extrémités de l'Orient chercher le baptême.

— O femme, que ta foi est grande! Mais sais-tu bien ce que tu désires en voulant te vouer au service des orphelins et des malades?

— Je suis résolue à tous les sacrifices.

— Ma fille, toi qui sans doute n'as jamais été mère, te sens-tu la force d'adopter des enfants étrangers, de les chérir comme les tiens, de rire avec eux quand tu voudrais pleurer, de leur consacrer ta vie et de les aimer comme les auraient aimés leurs mères?

— Père, je n'ai jamais connu les joies de la maternité, mais déjà j'en ai porté les charges. A l'âge de douze ans j'ai perdu ma mère; je reçus de ses mains mourantes un fils qu'elle venait de mettre au monde; l'enfant a grandi sur mes genoux, et rien ne lui a manqué, comme s'il avait eu sa mère. Avec le secours de Dieu, je ferai pour les orphelins de la mosquée ce que j'ai fait pour l'enfant du désert.

— Ma fille, tu ne vois encore que la part gracieuse de la tâche que tu désires. Auras-tu le courage de vivre au milieu des malades, des morts et des mourants? Pourras-tu soulager leurs maux, consoler leurs peines, panser leurs plaies et ensevelir leurs corps? Oseras-tu porter les mains aux ulcères des lépreux, t'exposant à contracter toi-même les maux que ta charité voudrait guérir?

— Quoique je sois née sous la tente du grand émir de l'Arabie, jamais je n'ai goûté les délicatesses et les jouissances de la fortune. Jusqu'ici j'ai passé ma vie à servir mon vieux père malade et infirme; j'ai été la lumière de ses yeux et le bâton de sa vieillesse; j'ai soulagé ses douleurs et consolé ses chagrins.

Père, pourquoi ne ferais-je pas, avec l'aide de Dieu, pour le dernier des lépreux ce que j'ai fait pour le grand émir de l'Arabie ?

— Les soins que le cœur d'une fille rend volontiers à un père sont parfois bien pénibles quand ils s'adressent à des étrangers.

— Mon père, on m'a dit que ton Dieu était mort pour moi sur la croix, et qu'il regardait comme fait à lui ce que l'on fait au dernier des hommes. Laisse-moi, je t'en conjure, soulager les plaies de mon Sauveur et mourir à son service.

— Ma fille, lui dis-je en la relevant, ta charité est sublime comme ta foi : tu es digne de recevoir le baptême et d'être l'épouse de Jésus. »

J'achevai de l'instruire et je lui donnai le baptême. Elle fit entre mes mains le vœu de consacrer sa vie à secourir les orphelins, les malades et les lépreux ; j'ornai son front du voile des vierges, et, en quittant l'autel, elle était la femme que vous voyez. »

Depuis quelques instants, Tebsima faisait des efforts pour ne pas interrompre le pèlerin ; il ne put se contenir plus longtemps. « Saraï ! c'est toi ! s'écria-t-il en fondant en larmes ; et je m'obstinais à ne point te reconnaître sous le voile et la robe d'hospitalière ! Salut, mère des orphelins, héroïque servante des lépreux ! Salut, aimable épouse de Jésus-Christ ! Toi qui veillas sur mon berceau, tu viens encore me visiter à ma dernière heure ! Ta rayonnante figure apparaît près de ma couche comme l'ange qui assiste les mourants. Saraï, pourquoi ne puis-je te serrer dans mes bras, et te donner le baiser d'adieu ? N'importe ! je suis trop heureux de te retrouver après cinq années d'absence, et surtout de te retrouver chrétienne ! »

L'émotion du solitaire avait gagné ceux qui l'entouraient; des larmes coulaient de tous les yeux.

« Tebsima, reprit sire Gérard, vous ne vous êtes point trompé; c'est véritablement votre sœur. Je demandai à frère Robert le nom de cette noble femme; il me répondit : « En Arabie, elle s'appelait Saraï; depuis son baptême, elle porte le nom de Sara; mais les petits enfants lui disent plus souvent ma mère, et les malades, ma sœur. »

Sara, ayant achevé son noble labeur, vint se laver les mains dans une piscine qui coulait près de nous.

« Ma sœur, lui dit le chapelain, vous aimez la France, depuis qu'elle est devenue la patrie adoptive de votre frère; eh bien, voici un pèlerin de cette contrée. »

Frère Robert nous servit d'interprète.

« Salut, pieux voyageur! s'écria l'hospitalière. Que Dieu guide vos pas, et qu'il vous ramène comblé de bénédictions dans votre patrie! Parmi les provinces qui composent l'empire des Francs, connaissez-vous la Bourgogne?

— C'est mon pays.

— Avez-vous entendu parler de sire Guillaume de Marigny, un des preux de la croisade?

— C'est mon ami.

— Avez-vous remarqué, parmi ses serviteurs, un jeune homme au teint brun et à l'accent étranger?

— Non, ma sœur, je ne l'ai point vu parmi les serviteurs du baron. »

Sara pâlit.

« Rassurez-vous, me hâtai-je d'ajouter, je l'ai remarqué au milieu des parents et des amis du noble seigneur.

— C'est mon frère! s'écria la religieuse. L'avez-vous vu depuis longtemps? Est-il heureux dans sa nouvelle patrie?

— Il m'a serré la main, lors de mon départ pour la Palestine. Il est aussi heureux qu'on puisse l'être sur la terre étrangère. Puisque vous êtes la Saraï du désert, recevez la lettre que Tebsima m'a remise pour vous et Ibrahim. »

A ces mots, l'hospitalière prit ma main et la couvrit de baisers, en disant : « Pieux voyageur, permettez-moi de baiser sur votre main l'étreinte qu'y laissa mon frère. Plus heureux que moi, vous reverrez Tebsima; portez-lui l'expression de ma gratitude et de mon amour. Dites-lui que je suis toujours la Saraï de ses jeunes années. Doux pèlerin, avant de quitter Jérusalem, revenez à la mosquée, je vous remettrai une lettre pour mon frère. »

« Sire Gérard, demanda le solitaire, ma sœur vous a-t-elle dit ce que fait mon vieux père?

— Sara ne m'en a point parlé.

— Il est mort sans doute, car Saraï ne l'aurait point délaissé. Avant d'expirer, a-t-il reçu le baptême?

— Mon frère, c'est là le secret de Dieu.

— Oh! quelle amertume se joint au bonheur que me cause la conversion de Saraï. Peut-être que le soleil de la vérité ne s'est point levé sur mon père! O mon Dieu, dissipez les ombres qui couvrent ce mystère! Je suis comme l'enfant qui, serrant entre ses bras sa mère échappée au naufrage, contemple les flots en se demandant si l'abîme ne recèle point son père.

— Mon fils, dit frère Albéric, pourquoi vous désoler ainsi? Le Dieu qui a visité Saraï en Arabie aurait-il oublié le vieil émir? N'avez-vous pas prié et souffert pour tous deux? Ayez confiance! »

« Mon frère, en quittant Jérusalem, reprit le pèlerin, la bonne Sara me remit cette lettre, qui peut-être calmera vos alarmes. »

Tebsima, l'esprit inquiet et la main tremblante, en brisa le sceau et murmura ces mots : « Mon père est-il chrétien? Dois-je espérer de le revoir au ciel? » Puis, il lut à ses hôtes la lettre de Saraï :

« Mon frère, disait la fille d'Ibrahim, je croyais mourir sans pouvoir t'adresser une parole; Dieu m'a épargné cette épreuve; de ta nouvelle patrie il m'envoie un doux messager.

« Je me jette entre tes bras, frère bien-aimé; je te serre sur mon sein. En te retrouvant, je sens revivre la joie de ces heureuses années où tu étais comme l'ombre attachée à mes pas, et où nos deux vies ne formaient qu'une vie.

« Pourquoi sommes-nous séparés par l'immensité des flots, nous qui partagions les mêmes fruits, buvions à la même coupe, et aimions à nous asseoir sous les mêmes ombrages? Pourquoi ne nous endormons-nous plus sur la poitrine de notre vieux père? Les vents de l'Arabie étaient si embaumés, et le soleil qui se couchait au désert était si beau! Dieu l'a voulu ainsi, que son nom soit béni! Ne nous plaignons pas; il a fait lever sur nos âmes un soleil plus beau que celui qui se couche au désert.

« Si j'en juge par tes lettres, tu nous aimes toujours, malgré la réception qui te fut faite à ton retour; aussi je crois t'intéresser en te racontant ce qui s'est passé sous notre tente.

« Après ton départ, mon père fut trois jours sans proférer une parole. Enfin, rompant le silence, il dit : « Ma fille, tu as conversé longtemps, sous les palmiers de la fontaine, avec Tebsima; parle-moi de votre entretien. »

« Je lui répondis : « Mon frère m'a mille fois pressée sur son cœur, en me redisant les grandeurs et les amabilités de son Dieu. Il a vu le Christ rayonnant de gloire au milieu des mystères des chrétiens.

« — Il a vu le Christ, dis-tu?

« — Oui, mon père, il me l'affirma plusieurs fois, en me conjurant d'aimer Jésus.

« — Cette parole est surprenante dans la bouche de Tebsima, qui ne nous a jamais trompés. Pauvre enfant! comme il nous aime! comme sa foi est profonde! Il est venu de si loin pour nous montrer le chemin qu'il croit être celui du ciel! Pourquoi l'ai-je si mal accueilli? Allah! Allah! n'ai-je point été cruel envers mon unique fils? »

« Ibrahim redit plusieurs fois ton nom, et pleura.

« Quelques semaines après, les Arabes ayant fait plusieurs captifs, une jeune chrétienne fut donnée au vieil émir pour guider ses pas et compenser la perte de son fils. Les membres de la tribu, afin de venger l'outrage que tu avais fait à Allah, voulurent la forcer à renier le Christ pour embrasser la loi de Mahomet.

« Ils entourent la captive en rugissant comme des lions. Elle se tient debout, les cheveux épars et les yeux pleins de larmes. Son corps tremble comme la gazelle, mais son âme est ferme comme le rocher; et, chaque fois que la foule fait entendre ces cris : « Crois ou meurs! » Elle répond : « Je suis chrétienne! »

« Elle va mourir ; déjà les guerriers de la tribu ont tiré leurs cimeterres, et les agitent sur la tête de la martyre. Je suis émue en voyant sa jeunesse, ses larmes et surtout son malheur, qui me rappelle Tebsima enfant, tombé entre les mains des fils d'Almir. Je me précipite au milieu des armes ; je les écarte de mes mains ; je prends la chrétienne entre mes bras, et l'enveloppant de mon manteau, je dis à la foule furieuse : « Si vous l'égorgez, vous me ferez mourir avec elle ! » J'entraîne la captive près de mon père ; j'embrasse les pieds de l'émir, je prie, je supplie ; enfin j'obtiens la grâce de la jeune fille.

« La douceur et la modestie d'Abigaïl (c'est le nom de l'esclave) lui firent bientôt pardonner d'être chrétienne. Mon père admira la résignation de la captive ; il fut touché par le son si doux et si pur de sa voix d'enfant. Il se laissa prendre aux charmes de son amabilité et de sa prévenance : elle lui lavait les pieds et préparait ses repas et sa couche avec autant de soin que Saraï.

« Plus tard, une lettre nous arriva de Jérusalem. Après nous avoir raconté les périls que tu rencontras dans la caverne du lion et dans une tribu inhospitalière, tu nous exposais les mystères d'amour accomplis par Jésus. Ibrahim s'attendrit sur les dangers courus par son fils, et il pleura en voyant que Tebsima, impitoyablement banni, l'aimait encore. Abigaïl, écoutant ces pages chrétiennes, tressaillit de joie ; elle nous expliqua les passages qui nous paraissaient obscurs dans cette lettre que nous ne nous lassions point de relire et de méditer. L'émir admira la sainteté de la loi chrétienne ; dès lors il permit à l'esclave de servir librement son Dieu ; souvent même il lui ordonnait de prier à haute voix, se plaisant à l'entendre. Les cantiques de la captive furent trouvés plus beaux et plus tendres que les chants de notre patrie; je me pris à les redire avec elle.

« Dieu nous avait envoyé cette enfant pour apporter la bonne odeur de Jésus-Christ sous notre tente et nous disposer peu à peu au christianisme. La candeur et la charité de l'étrangère en firent un membre de la tribu : je lui dis ma sœur, et mon père l'appela sa fille. Les jours d'épreuve vinrent trop tôt révéler tout ce qu'elle avait de tendresse.

« Notre pauvre père tomba mortellement malade. Abigaïl ne le quitta plus, lui offrant des breuvages pour éteindre sa fièvre, et versant sans fin des consolations dans son âme. Nos efforts et nos soins ne purent éloigner la mort; le moment de suprême séparation arriva. Plutôt que d'assister mon père, je m'abandonnai sous ses yeux à une folle douleur. La jeune chrétienne, au contraire, inspirée par l'énergie de sa foi, devint un ange pour l'aider à bien mourir.

« — Mon père, dit-elle en lui serrant la main et en l'arrosant de larmes, je serais trop heureuse de racheter votre vie au prix de ma vie.

« — Qu'Allah te bénisse! répondit le mourant.

« — Votre âme, reprit la jeune fille, m'est particulièrement chère : elle a été si affectueuse pour moi! Je connais un remède capable de lui donner une merveilleuse pureté et un éternel bonheur; puis-je l'offrir à mon père?

« — Enfant! qu'Allah te récompense!

« — Je vous le demande encore une fois, dit-elle en l'embrassant; mon père, voulez-vous accepter le remède divin que vous offre votre fille? C'est le baptême des chrétiens.

« — Oui, mon enfant! je l'accepte de grand cœur, s'il doit rendre mon âme belle et pure comme la tienne. »

« Alors la captive se penche près du mourant, lui parle de Jésus et du ciel, lui fait adorer la croix, et verse l'eau du salut sur son front.

« L'onction de la grâce qui pénétra l'âme de mon père était sensible dans sa voix; il me dit avec un accent que je ne puis rendre : « Adieu, Saraï! si tu rencontres ton frère sur cette terre, porte-lui ma bénédiction, et recommande-lui de garder sa foi; il est si doux de mourir chrétien! »

« Il joignit les mains, murmura, sous l'inspiration de la jeune chrétienne, les noms de Jésus et de Marie, et s'endormit dans le Seigneur. »

Tebsima se tut, étouffé par l'émotion; puis il porta ses regards vers le ciel en s'écriant : « Merci! mon Dieu! merci! vous avez exaucé mon sacrifice, mes prières et mes larmes; vous avez sauvé mon père! O patriarche du désert, réjouissez-vous, votre fils va bientôt vous rejoindre; assis sur les collines éternelles, nous attendrons ensemble Saraï. O sœur bien-aimée, tes paroles sont un miel à ma bouche, un baume à mon cœur; les douces nouvelles que tu m'envoies me font tressaillir comme des brises venues du ciel. » En disant ces mots, le solitaire pressait la lettre sur son cœur, et son visage resplendissait de joie : cette joie de mourant avait quelque chose de doux et de mélancolique comme un dernier rayon du soir tombé sur des feuilles d'automne.

Tebsima, ayant porté à ses lèvres un breuvage que lui offrit frère Albéric, acheva la lettre de Saraï.

« Mon frère, disait encore la fille d'Ibrehim, ta

conversion m'avait rendu le christianisme moins odieux; tes lettres et la vie de la captive, qui était un ange au désert, me l'avaient fait admirer; la mort si calme de mon père me la fit aimer; à mon tour, je me sentis devenir chrétienne.

« Tu te souviens des figuiers sous lesquels nous allions pleurer, et de la grotte sépulcrale où repose notre mère; c'est là que nous avons déposé les restes de notre père.

« Quelque temps après sa sépulture, je revins à son tombeau pour y répandre des parfums. Je congédiai l'esclave qui avait conduit mon chameau. Restée seule avec Abigaïl, je me penchai à la porte du sépulcre, j'y jetai pour toi et pour moi un cri d'adieu; puis je me recommandai au Seigneur, et je pris, avec la jeune chrétienne, le chemin de la Palestine.

« Dieu a guidé notre course à travers des périls de toutes sortes. Un jour surtout notre détresse fut grande : nos provisions étaient épuisées, et nous étions perdues dans les solitudes. Je me pris à pleurer, craignant de mourir sans baptême. « Courage, ma sœur, me dit Abigaïl en me montrant le ciel, nous avons là-haut une mère qui veille sur nous; invoquons Marie et continuons notre course. »

« Après une courte prière, nous reprîmes notre marche. Bientôt nous aperçûmes une femme accompagnée d'une esclave, faisant paître un troupeau de chèvres. Elle nous fit asseoir sous un palmier, nous donna de la nourriture, et conduisit notre chameau boire à une source voisine. Pendant que nous nous reposions, elle remplit nos outres d'eau et de lait, et nous prépara un panier de dattes et de figues.

« Quand l'heure fut venue de continuer notre

voyage, je lui demandai le chemin de la Palestine.

« — Suivez-moi, dit-elle, je vais prier sur un tombeau qui avoisine votre route. »

« En cheminant, je demandai à cette femme quelle était la tombe qu'elle allait visiter.

« — Étrangère, ma réponse t'inspirera sans doute pour Sélim et Ouraïda, sa sœur, l'horreur qu'ils causent aux musulmans; n'importe, je te dirai la vérité. Je vais visiter le corps de mon frère, que les chefs de la tribu ont fait mourir, parce qu'il était chrétien. Tout le monde me repousse à cause de Sélim; mais je ne puis m'empêcher de l'aimer. Son souvenir me poursuit partout; continuellement je le vois étendu crucifié sur la terre, et j'entends sa voix mourante me demander à boire!

« — Ouraïda, lui dis-je, tes paroles ne font qu'accroître l'amour que ton hospitalité a fait naître; moi aussi, j'ai un frère chrétien. Seulement le grand chagrin de ma vie, c'est d'avoir été cruelle envers lui. Tebsima était venu du fond de l'Occident visiter son père et sa sœur; il voulait les convertir à son Dieu, ils l'ont chassé impitoyablement; et, en traversant l'Arabie, il a failli devenir la proie des lions et la victime de fanatiques musulmans.

« — J'ai vu ton frère, répondit-elle vivement; Tebsima parcourut ces lieux; il s'arrêta pendant une nuit sous nos tentes. Depuis son passage, la sœur de Sélim est plus malheureuse que jamais : elle a perdu son père et sa mère, et les gens de sa tribu ne lui pardonnent point d'avoir averti le voyageur chrétien des projets homicides formés contre lui.

« — Libératrice de Tebsima! lui dis-je en l'embrassant, je t'aime comme une sœur; viens avec moi, tu es digne d'être chrétienne!

« — Saraï, où vas-tu ?

« — Je vais à Jérusalem recevoir le baptême du Christ.

« — Tu touches à une des plaies vives de mon âme : j'ai besoin de Dieu, je soupire après lui ; mais depuis que j'ai entendu mon frère, je ne sais plus où le trouver. Tantôt j'invoque l'Allah de Mahomet, tantôt je m'adresse au Dieu de Sélim. Mes prières ne font qu'accroître mes perplexités. Personne ne sait ce que souffre Ouraïda : sur la terre, les hommes la repoussent, et quand elle se tourne vers le ciel, elle ne connaît pas le Dieu qu'il faut invoquer !

« — Comme toi, j'ai connu la désolante maladie du doute ; mais aujourd'hui j'ai recouvré la paix en trouvant Jésus. Il est le véritable Dieu : nos frères l'ont vu rayonnant de gloire. Je crois à la parole de Sélim et de Tebsima : l'un est mort pour sa foi, et l'autre est venu de si loin pour l'annoncer ! Si tu veux posséder la paix du cœur, viens avec moi à Jérusalem.

« — Ma sœur, dit à son tour Abigaïl, allons ensemble à la Terre-Sainte. Là, mon Dieu sera ton Dieu, et ma famille sera ta famille. Ouraïda, l'Arabie te rejette parce que Jésus veut ton âme. Crois-moi, le Seigneur veut récompenser par le baptême ton amour pour Sélim, la parole de salut dite à Tebsima et l'hospitalité accordée aux voyageuses perdues dans le désert. »

« Nous étions arrivées au tombeau du martyr ; Ouraïda y pria ; puis, se relevant, elle dit : « Je vous suis à Jérusalem ; je vais chercher la paix du cœur. »

« Nous parvînmes heureusement à Bethléhem, le pays d'Abigaïl. Je ne puis te dire avec quelle joie la captive fut accueillie dans la maison paternelle, et avec quelle gratitude furent reçues ses compagnes. Il y eut là quelque chose du bonheur que j'éprouvai en te retrouvant dans la tribu d'Almir.

« Quelques jours après je me rendis, avec Ouralda, à Jérusalem. Là Dieu nous a donné un père en la personne de frère Robert; ce prêtre acheva de nous instruire des vérités de la foi, et nous baptisa. Jésus a tellement aimé les pauvres filles de l'Arabie, qu'il en a fait ses épouses : nous sommes religieuses hospitalières, et désormais nos jours se passeront à servir Jésus-Christ dans la personne des orphelins, des malades et des lépreux.

« Merci, mon frère, mille fois merci, tous les miracles de la grâce dont je viens de parler sont le fruit de tes lettres, et aussi sans doute de tes prières. Je conjure le Seigneur de t'accorder, en retour, des années longues et pleines de félicité. Puisses-tu trouver dans ta nouvelle patrie des cœurs plus aimants que ceux que tu as quittés au désert !...

« Si ta noire cavale vit encore, donne-lui pour moi une caresse et un baiser.

« Que Dieu conduise le pèlerin qui te porte la bénédiction de ton père et la lettre de ta sœur.

« Reçois le dernier adieu que Sara t'envoie au delà des mers. Adieu, frère bien-aimé ! adieu sur cette terre, nous nous retrouverons au ciel !

« Sœur SARA,
« Indigne servante de Jésus-Christ. »

Tebsima avait oublié ses maux; l'émotion lui donnait une force fébrile. Ses visiteurs le laissèrent rayonnant de joie et de bonheur.

CHAPITRE X

DERNIERS MOMENTS DE TEBSIMA

Le mieux du malade ne fut que momentané ; ses forces décrurent, et ses jours déclinèrent rapidement vers la tombe.

Les visites de frère Albéric devinrent plus assidues et plus dévouées. Un soir, il trouva le solitaire si souffrant, qu'il n'osa le quitter. Tebsima semblait subir l'influence d'une tempête qui grondait au dehors.

Un souffle vio'nt passait dans les airs et secouait les arbres dépo٫'és. Des nuages noirs, aux formes bizarres, erraie dans l'espace. Mille voix plaintives, mille bruits my térieux sortaient des profondeurs de la forêt.

« Quel est ce ruit? dit Tebsima.

— C'est l'oura ın qui passe. La nuit est noire, l'air est froid. Heure celui qui a un gîte pour s'abriter et une couche pour reposer sa tête. Dormez, mon fils, le sommeil semble plus doux quand la tempête gronde au dehors.

— Mon père, je m'endormirai bientôt d'un sommeil si profond, que la voix des tempêtes ne pourra m'éveiller.

— Pourquoi me faites-vous toujours entendre de funèbres paroles? N'êtes-vous point heureux, maintenant que le Seigneur a comblé vos vœux en convertissant Ibrahim, Saraï et Ouraïda?

— Je meurs content.

— Dites plutôt que ces nouvelles vous font revivre.

— Mon père, quand on est malade comme je le suis, les nouvelles saisissantes portent avec elles l'ivresse et la mort.

— J'espère, au contraire, qu'elles ranimeront vos forces.

— Quand le temps est venu, rien ne peut empêcher l'herbe de se flétrir et la feuille de tomber. »

La maladie qui dévorait le solitaire n'avait point altéré la fraîcheur et la délicatesse de son âme; il était plein d'attention pour tout ce qui l'entourait.

« Mon père, dit-il, la nuit est venue, prenez votre repas du soir; il y a du pain sous la nappe blanche, et des fruits dans une corbeille. »

Pendant que frère Albéric prenait ce frugal repas, un grillon sortit sa tête noire d'une fente du foyer et jeta un cri dans l'intérieur de la grotte.

« J'entends mon insecte familier, reprit Tebsima; il vient demander sa pâture. Le pauvre petit a quitté pour moi le soleil et la mousse du rocher. Il chante pendant la nuit, et sa voix me distrait dans mes longues insomnies. Donnez-lui sa pâture de chaque jour; ce soir, qu'elle soit plus abondante que de coutume: bientôt la flamme va s'éteindre pour toujours au foyer, et le grillon chantera près d'un tombeau. Pauvre petit, que deviendras-tu dans cette sombre et froide demeure? Il te faudra retourner sur le rocher. Mais les frimas sont venus, les rayons du soleil ont perdu leur chaleur, et la bise gémit dans la forêt ! »

Le religieux jeta quelques miettes de pain sur la pierre du foyer : l'insecte descendit, puis regagna son gîte en redisant sa joyeuse chanson.

Le malade s'endormit, et le moine récita ses heures.

La tempête redoubla : le grand bois offrait l'aspect d'une mer en courroux; sa voix grondait comme l'Océan; ses arbres s'agitaient comme des vagues furieuses. Un hibou, emporté dans un tourbillon de vent, vint s'abattre sur la grotte et fit entendre par trois fois son chant sinistre.

Frère Albéric tressaillit, et jeta un regard d'effroi sur la couche de Tebsima : il craignait que le malade ne vît un présage de mort dans ces cris lugubres. Heureusement le solitaire était endormi.

Le religieux continua son oraison. Bientôt il fut interrompu par un douloureux soupir.

Il accourt près de Tebsima, il le trouve éveillé; son visage est couvert de sueur, ses mains sont brûlantes, et sa bouche est amère et desséchée. « Donnez-moi à boire, dit le solitaire, et soulevez-moi pour m'aider à respirer. »

Frère Albéric s'assied sur le grabat, soutient le moribond entre ses bras, et reçoit sa tête languissante sur sa poitrine. « Mon père, mettez votre main sur mon front; ma tête semble prête à se briser. » A cet instant, Tebsima fait la confession de ses fautes. Cette confession fut suivie d'un dernier épanchement.

« Vous le voyez, dit le malade, je vais mourir. Je vais tomber avec les dernières feuilles d'automne. Vous ensevelirez mon corps sous ce rocher; mais qui pensera à mon âme sur cette terre étrangère ? Qui priera pour moi ?

— Moi, répondit frère Albéric, mes frères, le baron de Marigny et la châtelaine.

— Oserai-je vous faire une demande, pour obtenir une place plus intime dans vos prières ?

— Demandez, mon fils.

— Je vous conjure de me faire recevoir, quoique mourant, religieux de votre monastère... Ce serait pour moi une suprême consolation... Je retrouverais ici une famille... Je laisserais en ce monde des frères qui penseraient à mon âme... Et, au dernier jour, je serais revêtu d'une robe semblable à celle de Saraï.

— Tebsima, puisque vous le désirez, vous mourrez religieux, et durant l'éternité nous nous appellerons du nom de frère. Notre vénérable abbé sera heureux de compter parmi ses enfants l'émir qui laissa tout pour suivre Jésus, et qui par l'offrande de sa vie, ses larmes et ses prières, sauva Ibrahim, Saraï et Ouralda. »

Ces paroles ramenèrent le calme au cœur du mourant, et répandirent la sérénité sur son front.

La nuit continua d'être mauvaise : la fièvre redoubla, et par trois fois des vomissements de sang survinrent. La tempête s'apaisa. Le malade retomba sur sa couche et s'endormit.

Frère Albéric profita de ce moment pour courir au monastère.

Lorsque le solitaire s'éveilla, une troupe de religieux entrait dans la grotte : l'un portait la croix du monastère ; un autre, qui était frère Albéric, tenait sur son bras une robe et un scapulaire ; deux novices, ayant un flambeau à la main, précédaient l'abbé, qui apportait l'huile des infirmes et le Viatique des mourants.

A la vue de Jésus venu dans sa demeure, Tebsima se leva sur sa couche, disant : « O mon Dieu, je ne suis pas digne que vous entriez dans ma maison.

— Mon fils, répondit l'abbé, réjouissez-vous, le Seigneur vient vous revêtir de son manteau, vous fortifier de son onction, et vous nourrir de sa chair et de son sang. »

Ayant déposé le ciboire sur l'autel, il bénit la tunique et le scapulaire, et en revêtit le malade. Il reçut ses vœux. Les religieux vinrent tour à tour donner le baiser de paix à leur nouveau frère.

L'abbé conféra le sacrement des mourants à son disciple. Puis, tenant la divine Eucharistie, il dit : « Mon fils, vous voilà paré de la robe nuptiale; votre tête et vos mains sont parfumées de l'huile sainte; l'heure des noces est venue; voici votre Dieu descendu du ciel, afin d'épouser votre âme pour l'éternité. Recevez le Viatique du corps de Jésus-Christ; qu'il vous protège contre les attaques de l'ennemi, et qu'il vous conduise à la vie éternelle. »

Frère Albéric souleva le malade, et le soutint pendant qu'il communia.

Avec Jésus, un avant-goût du ciel était descendu dans l'âme du solitaire; sa poitrine était haletante d'émotion; des larmes de joie tombaient de ses yeux. « Mon Dieu ! disait-il, il a été parfois dur le vivre sur la terre d'exil; mais qu'il est doux d'y mourir ! Quelles actions de grâces vous rendrais-je pour vos bienfaits? Vous m'avez choisi pour enfant au milieu d'une nation infidèle ! Vous m'avez accordé le salut de mon père et de Saraï ! Vous venez de me revêtir de l'habit religieux, et vous vous faites, par la communion, l'ange consolateur de mon agonie et mon guide dans le redoutable passage du temps à l'éternité. Que craindrais-je au milieu des ombres de la mort ? Jésus est avec moi. »

Les moines, debout autour de la couche de leur frère, chantèrent le cantique d'action de grâces. Ce

Les funérailles de Tebsima.

chant de triomphe mêlé aux tristesses du trépas, ces noces religieuses contractées au bord de la tombe, ces flambeaux, cette grotte sépulcrale, formaient une scène à la fois lugubre et touchante.

Quelques instants après, Tebsima dit d'une voix affaiblie, en s'adressant à l'abbé : « Mon père, mes yeux s'obscurcissent ; faites-moi porter hors de la grotte, afin que je meure tourné vers l'Orient et les regards fixés sur le ciel. »

L'air était tiède; le soleil, descendu sur l'horizon, éclairait un ciel pur; un souffle léger faisait tomber les dernières feuilles d'automne. L'abbé crut pouvoir condescendre au désir du mourant.

Lorsque le solitaire fut déposé à la porte du rocher, sur un lit de cendre et de feuilles, il dit à frère Albéric : « J'ai soif, allez me chercher un peu d'eau à la fontaine de Sainte-Larme. En passant près du château de Marigny, dites adieu pour moi à Guillaume et à Mathilde. »

Le religieux revint bientôt, accompagné du chevalier et de la châtelaine.

Le mourant trempa ses lèvres dans la coupe, mais il ne put boire. « Il n'y a qu'au ciel que j'étancherai ma soif! » murmura-t-il en détournant la tête.

Prenant les mains du baron et de la châtelaine, il dit, en les portant à ses lèvres : « Adieu, Guillaume! adieu, Mathilde! je vous remercie de votre fraternelle hospitalité! En retour, je vais prier Dieu de vous envoyer des fils preux comme leur père, et des filles gracieuses comme la petite Marie. Adieu !... »

Sire Guillaume et la baronne répondirent à ces paroles par des sanglots.

« Pourquoi pleurez-vous? dit l'exilé; n'y a-t-il pas assez de temps que je suis sur la terre étrangère? Laissez-moi aller en paix à mon Dieu et jouir de la véritable patrie. Je vais rejoindre mon père et attendre Saraï! Je vais revoir la petite Marie, Éphraïm et Godefroy!... »

Les forces de Tebsima étant défaillantes, les religieux s'agenouillèrent près de lui et récitèrent les prières des agonisants.

« Partez de ce monde, âme chrétienne, disait le vieil abbé; partez au nom du Père, qui vous a créée;

au nom du Fils, qui vous a rachetée; au nom du Saint-Esprit, qui est descendu sur vous. Partez, au nom des anges et des archanges, au nom des saints religieux et des ermites, au nom de tous les saints et saintes de Dieu.

« Je vous recommande, mon très cher fils, au Dieu tout-puissant. Que la troupe glorieuse des anges vienne au-devant de vous; que l'armée triomphante des martyrs accoure à votre rencontre; que la lumineuse phalange des confesseurs vous environne; que le chœur des vierges vous reçoive avec ses saints cantiques.

« Que Jésus vous apparaisse avec un visage plein de douceur; qu'il vous place parmi ses élus. »

A la fin de ces prières, le mourant baisa sa croix d'olivier, murmura le nom de Jésus, et laissa échapper un soupir : le solitaire était mort!... Son regard était fixé au ciel; ses lèvres semblaient entr'ouvertes par un éternel sourire, et ses mains étaient jointes pour commencer la prière des élus.

Le lendemain, Tebsima reparaissait dans cette chapelle de Marigny où si souvent il avait prié, demandant le salut d'Ibrahim et de Saraï. Cette fois, il était couché dans le cercueil; la chapelle était tendue de noir, et une foule triste et silencieuse se pressait à ses funérailles.

L'exilé ayant choisi sa grotte pour tombeau, les religieux rapportèrent son corps à l'ermitage. Le convoi parcourut lentement la forêt, en faisant entendre des chants funèbres entrecoupés de lugubres repos. Le ciel était grisâtre; le chemin était couvert de feuilles, et un vent froid gémissait dans les arbres dépouillés.

Quand le corps fut déposé sous la roche sépulcrale,

Albéric se précipita sur le cercueil avec la douleur d'un père qui ensevelit son enfant. A côté de lui, Guillaume et Mathilde pleuraient comme on pleure un frère. Néanmoins leur deuil avait quelque chose de serein : ils entrevoyaient la gloire des cieux au delà de cette tombe. Les vassaux de la baronnie, après avoir secoué le rameau bénit sur Tebsima et lui avoir souhaité la paix éternelle, regagnèrent leurs chaumières en s'entretenant de ses vertus et de ses malheurs.

Les amis du solitaire eurent peine à s'éloigner de son sépulcre ; ils y prièrent longtemps, et se partagèrent comme souvenirs ce qui lui avait appartenu. La châtelaine eut la petite statue de la Vierge. Guillaume emporta la guitare sur laquelle fut chantée la plainte du jeune César. Frère Albéric reçut le Christ d'olivier qu'Éphraïm et Tebsima baisèrent en expirant. La lettre de Saraï fut remise à l'abbé, qui la déposa aux archives du monastère.

Quand ce partage fut achevé, frère Albéric remplit d'huile la lampe qui veillait près de l'autel où s'élevait le grand crucifix que l'ermite avait reçu en se vouant à la solitude. Une dernière rosée d'eau bénite tomba sur le cercueil, un suprême adieu fut adressé au fils d'Ibrahim, et ses amis sortirent de son tombeau.

Le sire de Marigny fit fermer ce sépulcre à l'aide d'une large pierre scellée dans le rocher.

En quittant la tombe du frère de Saraï, nous aussi emportons un souvenir. Comme Tebsima, aimons chrétiennement nos proches et nos amis, prions beaucoup pour ceux qui seraient éloignés du chemin du ciel, et travaillons à les ramener à Dieu.

FIN DE TEBSIMA

LA BUSSIÈRE ET CITEAUX

ou

LE MONASTÈRE DE FRÈRE ALBÉRIC

LÉGENDE DES XI° ET XII° SIÈCLES

> Celui qui, foulant sous son pied avec indifférence les ruines d'une abbaye antique, n'a point évoqué dans sa pensée les ombres des cénobites qui y vécurent et y moururent; celui qui parcourt froidement les corridors et les cellules des couvents à moitié démolis, et ne se sent assailli d'aucun souvenir, et n'éprouve pas même la curiosité d'examiner; celui-là peut fermer les annales de l'histoire, peut cesser ses études sur ce qu'il y a de beau et de sublime. Il n'existe pour lui ni phénomènes historiques, ni beauté, ni sublimité; son intelligence est dans les ténèbres, son cœur est dans la poussière.
>
> BAZIN, *le Protestantisme comparé au Catholicisme*, II, 276.

Quand on a parcouru les pages de *Tebsima*, on désire faire connaissance plus intime avec frère Albéric, qui adoucit l'amertume des derniers jours de l'exilé. Pour répondre à ce désir, nous allons raconter la fondation de l'abbaye de la Bussière, qui fut l'œuvre de ce bon religieux.

A la fin du XI° siècle, trois cénobites, cherchant une retraite pour servir Dieu, se fixèrent sur les bords de l'Ouche, au val de la Bussière. C'était un site sauvage, formé par trois montagnes qui dessinaient autant de vallées[1] ; il était peuplé de grands arbres et arrosé de belles eaux ; il était plein de calme et de fraîcheur. Son silence, l'aspect de ses montagnes et du ciel, élevaient l'âme et la disposaient au recueillement et à la prière. Les anachorètes ne construisirent d'abord que des cabanes de terre et de feuillage ; mais, des disciples étant accourus près d'eux, ils furent bientôt contraints de bâtir un petit monastère.

L'un des trois cénobites s'appelait frère Albéric : c'était un noble seigneur qui, dans un temps de famine, avait vendu, pour nourrir les pauvres, ses terres et son château, son cheval et son armure. Quand il se fut dépouillé de tout, et qu'il ne lui resta que son cœur, il le donna à Jésus en se vouant à la vie religieuse.

Albéric, après avoir passé plusieurs années dans l'étude et la méditation, fut élevé au sacerdoce, et devint l'hôtelier du monastère. Il eut pour emploi de recevoir les étrangers, de faire l'aumône aux pauvres et de soigner les malades. Il remplissait sa mission avec une si exquise charité, qu'on eût dit que, dans chacun de ses hôtes, il assistait le Christ en personne.

Il fut élu plus tard supérieur du couvent. Dieu lui donna de longues années ; mais il lui envoya en même temps de rudes épreuves : Albéric vit mourir presque tous ses moines. Les fosses se multipliaient au cimetière, et les cellules demeuraient désertes : un courant religieux emportait toutes les vocations monastiques vers la naissante abbaye de Citeaux.

Disons quelques mots sur cette abbaye, qui devait

[1] Primitivement ce lieu s'appelait les Trois-Vallées, *Tres Valles.*

être le tronc vigoureux sur lequel frère Albéric greffa la tige mourante de la Bussière.

Au milieu du XIe siècle, vivaient en Normandie deux riches et pieux époux, Théodoric et Éringarde. La noble dame étant à la veille d'être mère, la Vierge lui apparut en lui montrant un anneau d'or. « Je veux avec cet anneau, dit-elle, me fiancer le fils qui repose dans votre sein[1]. »

L'enfant reçut au baptême le nom de Robert. Aux jours de son adolescence, informé de la vision de sa mère, il se dirigea vers la Bourgogne pour se consacrer dans un monastère au culte de Dieu et de Marie. Il s'arrêta d'abord au désert de Colan, près de Tonnerre, puis, accompagné de quelques cénobites, il se fixa, en l'an 1075, dans la forêt de Molême, au delà de Châtillon. Ces anachorètes élevèrent avec des branches d'arbres une chapelle en l'honneur de la Vierge, et se bâtirent quelques misérables huttes. Ils menèrent d'abord dans cette solitude une vie si austère, si laborieuse et si fervente, qu'ils ressemblaient plutôt à des anges qu'à des hommes[2].

Étienne Harding, jeune moine anglais, au retour d'un pèlerinage à Rome, où il avait demandé la grâce de servir Dieu toute sa vie dans la pauvreté et la rigueur de la règle primitive de Saint-Benoît, fut si frappé de ce qu'il vit à son passage à Molême, que, renonçant à sa patrie, il se fit le disciple de Robert, convaincu que le Seigneur l'avait conduit en ce lieu pour y vivre selon la ferveur de ses désirs[3].

---

[1] Manrique, *Introductio ad Annales cistercienses*, cap. I, 2.
[2] *Id., ibid.*, cap. II, 3.
[3] *Id., ibid.*, cap. II, 4.

L'abondance vint à Molême : bientôt elle y amena la tiédeur et le relâchement. En vain Robert essaya-t-il de maintenir la règle dans son austérité première; ses disciples se mutinèrent, et il fut contraint de les abandonner[1].

Le saint abbé, suivi d'Étienne et de dix-neuf fervents religieux, quitta le monastère. Tous s'en allèrent à la grâce de Dieu, n'emportant qu'un bréviaire et les vases et les ornements nécessaires au saint sacrifice. Pendant plusieurs jours ils furent errants à travers les bois et les montagnes. Descendus dans la grande plaine de Bourgogne et arrivés au milieu d'une immense forêt, ils entendirent du ciel une voix qui leur cria : « *Sistite hic!* Arrêtez-vous ici[2]. »

Ils obtinrent ce désert d'Eudes, duc de Bourgogne, et de Renaud, vicomte de Beaune. Ils l'appelèrent *Cîteaux*, en souvenir de la voix divine qui le leur avait indiqué. Ils défrichèrent et assainirent ce sol boisé et marécageux, et bâtirent dans une vaste clairière de pauvres cellules autour d'un oratoire qu'ils dédièrent solennellement à Marie, le 21 mars 1098, jour des Rameaux.

Saint Robert ne demeura qu'un an dans ce nouveau monastère : un ordre du souverain pontife le rappelant à Molême, il dit adieu à ses disciples bien-aimés et reprit sans murmure le chemin de son ancienne solitude, où il mourut vers l'an 1110.

La discipline de Saint-Benoît continua de fleurir à Cîteaux, sous la direction d'Étienne.

Il plut à la Vierge de montrer à ces religieux combien leur vie lui était agréable. Un jour qu'ils chan-

---

[1] Manrique, *Introductio ad Annales cistercienses*, cap. III, 1, 2.
[2] *Id., ibid.*, cap. II, 8.

taient matines, Marie, resplendissante de gloire, les visita aux premiers rayons de l'aurore, et changea leurs robes noires en vêtements d'une parfaite blancheur. La vision disparut, mais les robes gardèrent l'éclat de la neige. Les pieux cénobites comprirent que la mère de Jésus désirait qu'ils adoptassent le blanc comme symbole de la merveilleuse pureté dont elle voulait que leurs âmes fussent ornées[1].

Le Christ a coutume d'imprimer le sceau de sa croix à tout ce qui doit être grand et durable dans son Église; il en marqua cette œuvre naissante. Pendant les années 1111 et 1112, Cîteaux perdit presque tous ses religieux. Étienne commença à douter de l'avenir de son institut, et à craindre que les austérités de la règle suivie dans son couvent ne fussent au-dessus des forces humaines. Il consulta le Seigneur par un de ces moyens qui ne conviennent qu'aux saints.

Un jour qu'il assistait, avec ses frères, un religieux mourant, il lui dit : « Mon fils, tu sais combien nos cœurs sont tristes; nous avons embrassé dans toute sa rigueur la règle de notre bienheureux père Benoît, mais nous ne sommes point assurés que ce genre de vie plaise au Seigneur. Les autres moines nous regardent comme de dangereux novateurs, et chaque jour la mort frappe les derniers débris de notre petite communauté. Je crains que cette institution ne soit rejetée de Dieu et condamnée à périr. C'est pourquoi je t'ordonne, au nom de Jésus-Christ, de revenir, au temps et au lieu que te fixera le Seigneur, pour nous indiquer la voie où nous devons marcher.

— Mon père, répondit le mourant, avec l'aide de

---

[1] *Annales cist.*, anno 1103, cap. I et II. — Chaque année, le 6 août, l'ordre faisait l'anniversaire de ce miracle.

vos prières, j'exécuterai vos ordres, autant que le permettra la miséricorde divine. » Il expira.

Quelques jours après, Étienne, travaillant à la campagne, donna le signal du repos et s'éloigna un peu pour prier; à cet instant, le religieux lui apparut tout rayonnant de lumière.

« Père, lui dit-il, le Seigneur Jésus m'envoie pour vous avertir que votre manière de vivre lui plaît, et que la désolation et la stérilité de Cîteaux vont cesser. Bientôt vos enfants vous crieront : « Faites-nous place; cette demeure est trop étroite, élargissez son enceinte. » Des multitudes d'hommes viennent se ranger sous votre houlette, et parmi eux il y a un grand nombre de savants et de barons. Vos disciples, semblables à des essaims d'abeilles, sortiront d'ici pour aller au loin fonder des abbayes nouvelles[1]. »

En 1113, un soir qu'Étienne, entouré du reste de ses moines, priait, attendant l'accomplissement de cette promesse, le marteau de fer qui pendait à la porte retomba bruyamment. C'était le jeune Bernard, dont le monde vantait déjà la vertu, la grâce et l'éloquence, qui amenait à l'humble monastère sa famille et l'élite de la noblesse bourguignonne[2] !

Ces nouveaux venus rivalisèrent d'ardeur dans le chemin de la perfection avec les anciens religieux. Bernard les dépassa tous : nature d'élite, il devint, à l'école d'Étienne, ce prodige de sainteté et de génie qui fut le maître des rois, le conseiller des papes, l'apôtre et le pacificateur des peuples, la lumière de l'Église, et cet admirable pêcheur d'hommes dont les mères éloignaient leurs fils et les femmes leurs époux,

---

[1] *Annales cist.*, anno 1112, cap. II.
[2] *Ibid.*, anno 1113, cap. I.

pour les soustraire à ses irrésistibles séductions et les empêcher de s'ensevelir dans le cloître.

Dès lors Cîteaux fut affermi; le grain de sénevé déposé en terre par Robert, arrosé des sueurs et des larmes d'Étienne, germa ¹ grandit sous l'influence de Bernard. Il devint un grand arbre qui couvrit la terre, et les oiseaux du ciel arrivèrent en foule s'abriter sous ses rameaux. Cet ordre compta jusqu'à douze mille monastères. Ses moines exercèrent une action providentielle sur le monde : ils réveillèrent la foi et les autres vertus dans les âmes; ils défrichèrent les landes, les marais et les forêts qui occupaient la plus grande partie de l'Europe; ils imprimèrent une marche progressive à toutes les branches de l'agriculture, et ennoblirent le travail des champs, qui jusque-là avait été la part méprisée des esclaves et des serfs. Ces hommes de Dieu établirent une sainte fraternité entre les peuples. « Ce fut sur la bouche virginale de ces moines que la Pologne donna à la France son premier baiser ¹. » Enfin ils affranchirent l'Espagne du joug des Maures, et posèrent une digue à l'islamisme en fondant les ordres militaires d'Alcantara et de Calatrava.

Ainsi que l'avait annoncé le moine de la vision, des essaims sortirent de Cîteaux pour créer des ruches nouvelles. Le onzième s'arrêta dans le voisinage de la Bussière, sur la montagne de l'*Aseraule* ou *Loiserolle*.

Garnier, sire de Sombernon et proche parent de saint Bernard, bâtit en ce lieu, en 1130, un oratoire et quelques cellules, et alla demander à saint Étienne des moines pour y célébrer l'office divin.

L'abbé de Cîteaux sonna la cloche et réunit ses

¹ *Hist. de Morimond*, par M. l'abbé Dubois.

disciples dans la chapelle; il y eut là un instant de solennel silence. Étienne prit un Christ sur l'autel, le remit à frère Guillaume, puis, désignant les douze religieux qui devaient l'accompagner, il leur donna l'ordre de suivre le sire de Sombernon. Tous descendirent de leurs stalles, reçurent une dernière bénédiction, et, précédés de leurs frères, qui avaient des larmes dans les yeux, ils s'en allèrent, au chant des psaumes, à travers les cloîtres, jusqu'à la porte du monastère, qui s'ouvrit devant eux et se referma pour toujours.

La petite colonie s'éloigna; elle vit bientôt s'effacer derrière elle la forêt où elle laissait de pieux souvenirs et de saintes affections; puis elle longea la côte vineuse de Bourgogne, et disparut dans la vallée de l'Ouche et les montagnes.

Ces moines durent se sentir attendris, lorsque, passant sous les murs de Dijon, ils virent dans le lointain le castel de Fontaine, où était né Bernard, leur ami et leur modèle, dont le nom glorieux remplissait alors le monde.

Guillaume et ses compagnons, arrivés dans la solitude de l'Aseraule, défrichèrent la forêt, et demandèrent à son sol ingrat leur nourriture et celle des pauvres[1].

Pendant que Citeaux croissait et multipliait, le monastère de la Bussière dépérissait de plus en plus; il ne comptait que trois religieux. Frère Albéric, plongé dans les angoisses qui avaient assailli l'âme d'Étienne, priait le Seigneur avec larmes, le conjurant de repeupler le couvent désert.

---

[1] *Gallia christiana*, t. IV, *Buxeria*.

Dans une des dernières nuits d'été de l'année 1131 il eut une mystérieuse vision. Pendant son sommeil, il lui semblait se promener, par une belle matinée, dans l'enclos du monastère. Il s'arrêta devant une ruche : les abeilles, languissantes et peu nombreuses, paraissaient découragées. Il souleva le panier, il était presque vide. « Pauvres petites avettes[1], dit-il en soupirant, qu'allez-vous devenir pendant l'hiver? » La détresse de la ruche lui rappela celle de son couvent, et il pleura. Tout à coup il entendit un grand bruit venant de la montagne, et il aperçut un vigoureux essaim qui bourdonnait au-dessus de sa tête. Les abeilles de la vallée allèrent fraternellement au-devant de leurs sœurs de la montagne; toutes ensemble entrèrent dans la ruche et se mirent à travailler avec ardeur. C'était merveille de voir les allées et les venues des ouvrières et d'entendre leurs joyeux bourdonnements. A la fin du jour, frère Albéric pesa le panier : il était lourd et déjà à demi rempli. « Dieu soit loué! s'écria-t-il, l'avenir de la ruche est assuré. » Et il s'éveilla, entendant une voix qui disait : « Faites comme les abeilles de la vallée, et votre œuvre vivra. »

Il ne comprit rien d'abord à cette vision. Le lendemain matin, en faisant l'aumône à la porte du couvent, un des pauvres lui annonça qu'un violent incendie avait détruit le monastère de l'Aseraule, et que, depuis trois jours, Guillaume et ses frères étaient dans une profonde détresse. Cette nouvelle fut un trait de lumière pour Albéric; il fit part à ses religieux du songe qu'il avait eu et de la ruine du couvent voisin. Tous furent frappés de cette merveilleuse

---

[1] Le moyen âge, et après lui saint François de Sales, appelaient ainsi les abeilles. Le mot gracieux d'*avette*, ou *apette* vient du diminutif latin *apicula*, petite abeille.

coïncidence, et conclurent que le Seigneur voulait qu'ils appelassent à eux les cisterciens de la montagne.

Ils allèrent en toute hâte visiter leurs frères. Ils les trouvèrent sans abri : l'incendie avait dévoré jusqu'à l'oratoire, et frère Guillaume avait eu peine à soustraire aux flammes le tabernacle. Les pauvres incendiés étaient debout autour du ciboire, qui reposait sur l'autel en ruines, sous une tente de feuillage ; dans leur malheur, le Dieu de l'Eucharistie leur était resté comme une consolation et une espérance.

Le sire de Sombernon était là, désolé de la destruction de son œuvre. Saint Étienne venait d'arriver pour reconduire ses religieux à Cîteaux. Les seigneurs et les populations du voisinage témoignaient aux cénobites la douleur qu'ils éprouvaient de leur départ.

Albéric n'avait jamais vu Étienne; mais se trouvant en présence de cet auguste vieillard, dont la belle âme semblait rayonner à travers les voiles d'une chair transfigurée par le jeûne et la sainteté, il reconnut tout de suite le disciple de saint Robert et le maître de saint Bernard. Tombant à genoux, avec ses deux disciples, il lui baisa la main et dit: « Père, nous vous prions instamment de daigner nous accueillir dans votre ordre. Nous remettons entre vos mains nos cellules et l'oratoire que nous avons élevé sur les bords de l'Ouche, en l'honneur de Dieu et de Notre-Dame. Nous vous en conjurons, envoyez frère Guillaume et ses religieux chanter avec nous les louanges du Seigneur dans le val de la Bussière. » Et, à l'appui de sa demande, il raconta la vision qu'il avait eue pendant la nuit.

Saint Étienne vit dans cet événement la main de la Providence, miséricordieuse pour tous; il releva les trois anachorètes, et, les embrassant, il les appela ses fils. Soudain le deuil fit place à la joie, et Étienne, prenant le ciboire sur l'autel en ruines, conduisit ses religieux, au chant du *Te Deum*, vers le val de la Bussière. En tête de ce cortège, que suivait le peuple et les barons, marchait frère Albéric avec une humble croix de bois.

Quand Étienne eut déposé le ciboire dans le tabernacle de la chapelle du monastère, Albéric vint se mettre à genoux aux pieds de Guillaume, résigna les fonctions de supérieur qu'il exerçait depuis près de vingt ans, et alla se placer au dernier rang des frères.

En ce jour, Garnier, sire de Sombernon, possesseur de la Bussière, fit, pour le remède et le salut de son âme, don des *Trois-Vallées* à Dieu et à Notre-Dame, en la personne d'Étienne et des religieux de Citeaux. Les seigneurs de Drée, de Marigny, d'Agey et d'Échannay furent les témoins de cette charte de donation, à laquelle fut apposé le grand sceau de Hugues, duc de Bourgogne[1].

Saint Étienne ne fit que passer à la Bussière; il donna la robe blanche de Citeaux à frère Albéric et à ses deux disciples; il traça sur le sol le plan de l'église de la nouvelle abbaye, en recommanda la construction à ses disciples, et reprit le chemin de son monastère[2].

Guillaume et ses frères se mirent à l'œuvre; ils creusèrent les fondations du monument. Albéric, malgré son grand âge, était le plus ardent de ces pieux

---

[1] Cette charte est citée dans la *Gallia christiana*.
[2] Il y mourut le 28 mars 1134.

ouvriers; il épuisa le reste de ses forces dans ce saint labeur. Plein de jours et de mérites, il s'endormit dans le Seigneur, heureux de laisser après lui des voix pour glorifier Dieu et la Vierge dans le val de la Bussière.

Ses dernières paroles furent pour cette abbaye et son église. « Seigneur, dit-il, bénissez cette petite Sion; faites-lui sentir les effets de votre bonté, afin que les murs de son temple soient bâtis, et qu'on vous y offre le sacrifice de justice, des oblations et des holocaustes [1].

Avant d'expirer, Albéric, fidèle jusqu'à la fin aux sentiments d'humilité qui avaient guidé sa vie, demanda comme une faveur d'être inhumé sous le portail de la nouvelle église, et d'avoir pour tombe une dalle sans inscription, voulant que son nom fût à jamais ignoré, et que, dans le cours des siècles, ses dépouilles fussent foulées aux pieds par tous ceux qui viendraient adorer Dieu dans ce temple.

Les moines de la Bussière, ayant déposé le corps du saint fondateur près des assises du monument, continuèrent leur tâche. Ils y employèrent plus de quarante années. Il sortit de leurs mains un édifice grave, pur, harmonieux dans ses lignes, et religieux comme un acte de foi et une prière. Ils donnèrent à l'ensemble de ce temple et à chacune de ses parties un admirable mouvement d'ascension : ses colonnes et ses arceaux, ses ogives et sa flèche s'élancent vers le ciel, comme autrefois montaient vers Dieu les aspirations et les pensées des cénobites qui l'ont élevé.

Le 10 septembre 1172, au milieu d'un immense

---

[1] Psaume L.

concours de peuple, cette église fut consacrée, en présence du clergé et de la noblesse de Bourgogne, par saint Pierre, archevêque de Tarentaise [1]. Cette dédicace, déjà solennelle par elle-même, fut illustre par les prodiges que Dieu opéra par son serviteur.

Saint Bernard avait été l'Élie du XIIe siècle; Pierre de Tarentaise, aussi religieux de l'ordre de Cîteaux, en était l'Élisée par l'austérité de sa vie et l'éclat de ses miracles. « En ce jour, dit son historien, il rendit, par sa prière, jointe à l'imposition des mains, la parole et l'ouïe à un enfant qui avait perdu l'une et l'autre, fit entendre un autre qui était sourd, parler un troisième qui était muet, et prédit à un religieux du monastère, qui était aveugle, qu'il recouvrerait bientôt la vue [2]. » Le peuple, témoin de ces prodiges, fit retentir les Trois-Vallées de ce cri d'allégresse : « Noël! Noël! »

En cette fête, frère Albéric dut éprouver au ciel un surcroît de bonheur, et ses ossements durent tressaillir dans la tombe : le rêve de sa vie terrestre était accompli, l'abbaye de la Bussière était solidement fondée.

[1] *Gallia christiana*, t. IV; *Buxeria*.
[2] *Acta Sanctorum*, 8 maii, et *Vie populaire*, p. 53.

FIN

TABLE

Préface 11

TEBSIMA
ÉPISODE DE LA PREMIÈRE CROISADE

Chapitre I. — Tebsima au désert 17
— II. — La croisade 39
— III. — La conversion 72
— IV. — Mort de Godefroy et départ d'Orient 88
— V. — L'exil 100
— VI. — Le retour au désert 123
— VII. — Pèlerinage aux Lieux-Saints 144
— VIII. — Les épreuves 167
— IX. — Sœur Sara 195
— X. — Derniers moments de Tebsima 216

LA BUSSIÈRE ET CITEAUX (légende des XIe et XIIe siècles) . 235

29455. — Tours, impr. Mame.